소소한 일상에서 만나는 우리 역사

지극히 사적인 문화유산 이야기

prologue

  나이, 직업, 그리고 지금까지 살아온 삶이 각자 너무나 다른 우리는 문화유산을 사랑한다는 강한 힘 하나로 뭉쳤다. 그 힘은 나비효과가 되어 '문사공(문화유산을 사랑하는 공주대생 모임)'을 탄생케 했다. 2022년 1학기 공주대학교 문화유산대학원의 '문화유산활용론' 수업을 통해 각자가 준비한 에세이를 발표하고, 서로 의미 있는 조언을 주고받았다. 공주-논산-부여 지역에 분포한 문화유산을 함께 답사하였으며, 그 결과가 한 권의 책으로 묶였다. 우리는 서로의 최애(最愛) 문화유산에 대한 추억과 생각을 공유했고, 나아가 그것을 통해 각자 삶의 존재 의미를 찾고자 하였다. 문화유산은 그 자체의 역사적 의의를 뛰어넘어 우리에게 일종의 힐링 수단이 되었다.

  달라도 너무나 달랐던 열세 명이 모여 책을 만들어 가는 일련의 과정들이 나에겐 한 편의 드라마 같았다. 무엇보다 문사공의 집단지성으로 희망의 무지개를 스스로 만들었기에 그 의의가 더욱 크다. 그렇기에 문화유산이 맺어준 '문사공'의 인연이 오래도록 지속되길 간절히 희망한다. 각자의 일상을 영위하기에도 바쁜 문사공 선생님들이 같은 목표를 향해 한 분도 포기하지 않고 다 함께 격려하고 도와가며 긴 여정을 마무리했다는 점에서 모두에게 진심으로 감사드린다. 특히 책의 출판 과정에서 보여준 백남우 회장님의 헌신적인 리더십과 고신애 총무님의 꼼꼼

하며 영민한 일 처리에 고마움을 전한다. 또한, 우리의 출판 목적을 이해하고 예쁜 책으로 만들어주신 쌍달북스의 이세정 대표님께도 감사의 마음을 전한다.

 책을 집필하는 동안 나는 교수라기보다 동료로서 그들과 함께하며, 열두 분 선생님의 문화유산에 대한 순수한 마음과 열정을 확인했다. 이를 통해 그동안 잊고 지냈던 나의 꿈을 돌아보는 계기가 되었고, 개인적으로는 지난해 5월 '도성지리연구소(都城地理研究所)'를 만들게 되었다. 작지만 나에게 소중한 이 연구소는 내 인생 후반에 나의 꿈을 실현할 수 있는 디딤돌이 될 것이다.

 마지막으로 이 책은 공주대학교 문화유산대학원의 2022년 1학기 '문화유산활용론' 수업에 참여한 대학원생들(문사공)의 힘으로 출판되었다는 것에 그 의의를 찾고 싶다. 지난 2021년 2학기 수강생과 함께 만든 모임인 '공문(公間)'이 주도하여 올해 3월에 출판한 『문화유산 다이어리』의 후속작이라고 볼 수 있다. 이와 같이 대학원생이 중심이 되어 문화유산에 대한 책을 출판하는 것이 공주대학교 문화유산대학원의 자랑스러운 전통으로 자리매김하기를 꿈꾸어본다.

공산성 추정왕궁지에서
공주대학교 문화유산대학원(지리교육과) 교수 박지훈

foreword

 학교를 졸업하고 사회인이라는 이름을 달고 일상을 쳇바퀴 돌 듯 살아가는 우리는 누구나 한 번쯤 로망으로 삼는 것이 있을 것입니다. 그중 하나가 조용하고 편안한 마음으로 자신의 인생을 돌아보며 한편의 에세이를 써보는 게 아닐까 하는 생각이 듭니다.

 되돌아오지 않을 것 같던 학창 시절을 다시 한번 시작해 보고자 도전한 곳에서 문화유산이라는 주제를 통해 자신만의 성찰의 시간을 보내고, 그 과정과 결과를 묶어 하나의 책으로 나오게 된 점에 축하의 말씀을 전합니다.

 논어에서는 "知之者 不如好之者, 好之者 不如樂之者, 樂之者 不如創之者"라 말하고 있습니다. 즉 "아는 사람은 좋아하는 사람만 못하고, 좋아하는 사람은 즐기는 사람만 못하고, 즐기는 사람은 창의력을 가진 사람만 못하다"라 했습니다. 그런데 놀랍게도 이 책에서 저는 아는 사람과 좋아하는 사람, 즐기는 사람, 그리고 창의력 있는 사람 모두를 보았습니다. 문사공(문화유산을 사랑하는 공주대생 모임)을 인솔하셨던 박지훈 교수님과 열두 명의 문사공 가족들이 각자의 주제를 향한 행복한 몰입을 보았습니다. 그 몰입을 통해 내 안의 나를 기쁘게 찾아가는 길을 보았습니다.

덕분에 읽는 내내 저 역시 열세 분의 최애 문화유산 여기저기를 나들이 삼아 다녀온 기분입니다.

 혁신의 아이콘이 된 공산성(지리학자가 들려주는 공산성의 권력 이야기 박지훈)에서는 백제왕궁 입후보지인 쌍수평탄지와 광복평탄지간의 팽팽한 후보 의견을 들어보고, 공연으로 맞아주는 상당산성(우리를 품은 상당산성 강현순)에서는 신나고도 설레는 축제와도 같은 성의 품에 안겨보기도 하였습니다. 보물이 가득 숨겨진 보물섬 같은 수원화성(그 해 수원 화성은 고신애)에서는 저의 최애 임금이신 정조대왕과의 꿈 같은 대화를 나누었습니다. 충청도의 첫 관문을 품은 직산현 관아(2000년 역사를 품은 직산현 관아 곽동석)에서는 백성들과 알콩달콩 살아갔을 현감과 군수들의 이야기와 백성들의 애환에 귀기울이기도 했으며, 밥상머리 교육의 주역인 종학당(조선의 강남 8학군 종학당 출신들 김진우)에서는 공정함과 나눔의 정신을 설파한 명문학교의 위상과 인성교육의 중요성, 그리고 자식에 대한 교육관을 반성하기도 하였습니다. 이젠 전설이 되어버린 소제호의 방죽(소제방죽 도깨비 전설 백남우)에서는 과거 남겨진 사진과 자료를 통해 중국 항주의 서호 소제와도 견줄 수 있는 풍광이라 불여진 소제호를 혼자 눈감고 상상해 보기도 했습니다. 조국 강토를 지키기 위해 순절한 의병의 유해를 모신 칠백의총(조헌과 칠백의사, 칠백의총 이야기 박민호)에서는 처절한 전투 끝에 밤하늘에 무수하게 빛나는 이름 없는 별이 된 의병들의 외로운 충성에 가슴이 먹먹해지기도 합니다. 사비 백제의 수도 부여 탐방기(3D콘텐츠로 보는 百濟 성은희)에서는 잘 알고는 있었지만, 그렇기에 무심히 넘겼던 백제의 탑과 불상, 향로, 기와 그리고 벽돌 등이 문화재라기보다는 하나 하나의 캐릭터처럼 묘사되어 읽는 재미가 쏠쏠했지요.

 항상 가까이 있는 산책로 수통골(무보천석지지, 학하마을 그리고 수통골 윤석림)에서는 지금은 관광명소로 변했지만 예전에는 어릴 적 추억의 장소가 많았던, 그리고 4계절 용천수가 솟아올라 천석지기 땅이었던 복 많고 평화로운 동네 나들이에 푹 빠지기도 했습니다. 곧게 뻗은 대나무 사이로 불어오는 바람 소리의 주인공 대금(천년을 이어온 대바람 소리 윤권영)에서는 새삼 세종대왕의 위대한 업적에 감탄함과 동시에 그 어려운 수학과 과학의 원리가 담긴 대금 제작원리에 돌연 무한감동을 느끼기도 합니다. 돌고 돌아 다시 만나게 된 한복(한복은 사랑입니다 조은아)에서는 오랜 세월 큰 변화 없이 우리 민족과 함께 해 온 한복과의 인연과 그에 얽힌 소소한 이야기들이 잔잔한 감동을 주었고요, 군수리 종갓집 장손의 어린시절 추억의 궁남지 이야기(2003년생 궁남지 황수영)에서는 궁남지에 대한 애틋한 사랑과 추억으로 읽는 내내 떠나지 않는 잔잔한 미소와 마주하기도 하였습니다. 봄이면 진달래가, 가을이면 구절초가 어여쁜 영평사(감사합니다, 나의 영평사 황세진)에서는 영평사 곳곳을 구석구석 천천히 돌아보는 친근함에 빠지기도 합니다. 그리고 함께하는 답사의 길까지…. 이 책을 접하는 독자 여러분들도 곳곳에서 느껴지는 감동과 열정을 함께 느껴보는 시간을 가져보심이 어떨지요?

 마지막으로 각자의 추억, 즐거움, 힐링의 산물인 '지극히 사적인 문화유산 이야기'가 '문화유산 다이어리'에 이은 국립공주대학교 문화유산대학원의 자랑스러운 전통의 한 줄기가 되어 지속될 수 있기를 축원 드립니다.

국립부여문화재연구소
임승경 소장

Contents

지리학자가 들려주는 공산성의 권력 이야기 박지훈 12

우리를 품은 상당산성 강현순 32

그 해 수원화성은 고신애 50

2000년 역사를 품은 직산현 관아 곽동석 66

조선의 강남8학군 종학당 출신들 김진우 84

소제방죽 도깨비 전설 백남우 104

조헌과 칠백의사, 칠백의총 이야기 박민호 120

3D콘텐츠로 보는 百濟 성은희 *144*

무보천석지지, 학하마을 그리고 수통골 윤석림 *162*

천년을 이어온 대바람소리 윤권영 *178*

한복은 사랑입니다 조은아 *196*

2003년생 궁남지 황수영 *214*

감사합니다 나의, 영평사 황세진 *228*

답사기 **공주 - 논산 - 부여** 저자 일동 *246*

지리학자가 들려주는
공산성의 권력 이야기

2022년 7월 4번째 금요일 아침 6시, 서재에 앉아 공산성 지형도를 펼쳤다.

> 금강변의 공산(해발고도 112m)이 떠받드는 듯한 형상을 띠고 있는 공산성은 포곡식 산성으로서 성내에 크게 2개의 큰 골짜기(이하 공북골짜기, 만하골짜기), 2개의 봉우리(이하 광복봉, 쌍수봉), 2개의 큰 고지성 평탄지(광복평탄지, 쌍수평탄지)와 2개의 저지성 평탄지(공북평탄지, 만하평탄지)가 눈에 확연히 들어온다. 그 외에도 성내 도처에 작은 골짜기와 평탄지가 분포하고 있다.

현재 공산성에 백제 웅진기의 왕궁이 존재했으며, 그 장소로는 현 '추정 왕궁지'가 가장 유력하게 받아들여지고 있다. 이에 지리학자로서 지리적 상상력만으로 권력의 관점에서 약 1,500년 전 백제가 한성에서 웅

공산성 전경

진으로 천도 후, 공산성에 왕궁을 건설할 때, 현재의 추정 왕궁지가 분포하는 넓은 뜰(이하 쌍수평탄지)을 왕궁지로 최종 선정하는 일련의 과정을 스토리텔링하고 싶다. 이를 위해 오늘 대학원생들과 함께 공산성으로 지형산책을 떠난다.

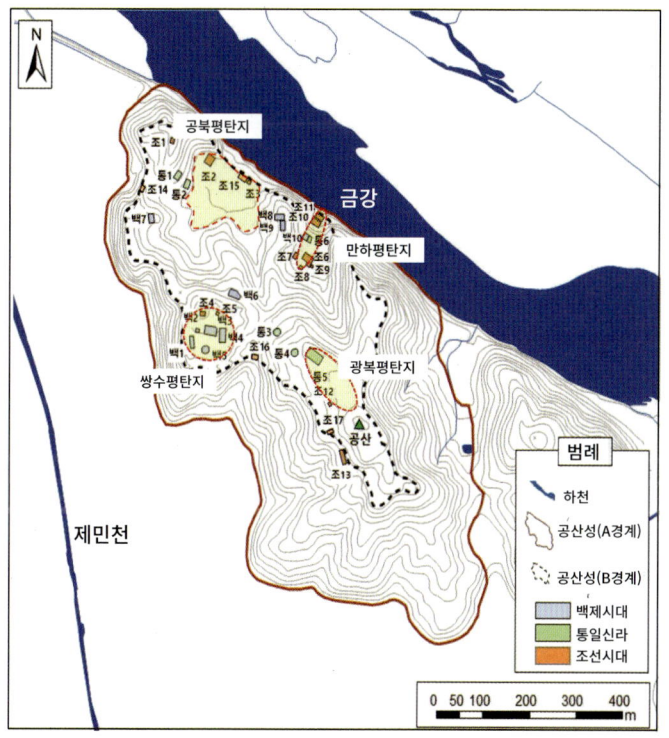

공산성의 지형(정혜경·박지훈, 2020)

공산성의 왕궁을 지형산책 대상으로 선정한 이유

백제는 고구려(장수왕 475년) 대군의 기습 공격으로 왕도인 한성에서 웅진으로 천도하여, 공산성에 왕궁을 건설하였다. 그 역사적 사건을 계기로 백제 웅진기에 공산성은 방어산성과 왕성으로서의 역할을 동시에 수행하게 되었다. 그 후 공산성은 다사다난한 인간의 삶과 비슷한 이력을 겪으며 오늘날까지 그 경관을 꼿꼿이 유지하고 있다.

공산성은 약 1,500년 전에 축성된 토성이므로 오랜 시간의 흐름에 따라 성의 파괴는 불가피한 현상이었으며, 성의 무너짐-쌓기가 반복되었다. 성내의 왕궁을 포함한 건축물은 그들을 받치고 있는 지형면의 자연 침식과 삭박, 홍수와 산사태에 의해 매몰의 과정을 겪었으며, 현재는 우리의 시야에서 많은 것들이 사라지게 되었다.

불과 수십 년 전만 해도 남아있는 기록의 부족으로 공산성이 왕성이라는 결정적인 증거를 제시하지 못했지만, 최근 매장된 유적과 유물이 새롭게 발견되면서 그것을 근거로 공산성 내에 실제로 왕궁이 존재했다는 역사적 사실을 많은 사람이 비로소 인정하게 되었다.

이를 바탕으로 2015년 공산성은 인근의 '공주 무령왕릉과 왕릉원' 그리고 부여의 관북리 유적, 부소산성 및 익산 왕궁리 유적지과 함께 유네스코의 백제역사유적지구로 등재되어 다시 많은 관심을 받게 되었다. 바야흐로 공산성이 백제문화의 르네상스를 여는 선도적 역할을 위해 당당히 부활한 것이다.

백제 웅진기

『삼국사기』에 따르면 백제는 기원전 18년에 부여족 계통인 온조에 의해 오늘날의 서울 지역을 중심으로 건국되었다. 백제 역사의 전개 과정은 수도의 변천에 따라 한성기(기원전 18~기원후 475년), 웅진기(475~538년), 사비기(538~660년)로 크게 구분된다.

그 중 이 웅진기는 고구려 장수왕의 남침에 의해 백제 한성기에 한성이 함락되었을 뿐만 아니라 개로왕이 죽게 되자, 문주왕 원년(475)에 웅진으로 천도함으로써 시작되었다. 웅진기는 64년간에 6명의 왕 - 문주왕(제22대, 475-477년), 삼근왕(제23대, 477-479), 동성왕(제24대, 479-501) 및 무령왕(제25대, 501-523), 성왕(제26대, 523-554) 성왕 - 이 있었으며, 수도는 웅진(현 공주)이었다. 웅진 천도의 가장 큰 이유는 고구려의 세력을 방어할 수 있는 군사적 요충지이며, 또한, 대중(對中)·대왜(對倭) 관계상 금강 중심의 수로 확보가 필요했기 때문이다.

웅진 천도 당시에 왕권은 매우 약했지만, 무령왕이 동성왕을 죽이고 반란을 일으킨 백가를 진압하고, 정국의 주도권을 장악하고 지방 통제력도 강화하여 백제의 중흥을 이끌었다. 그 시기는 한성기 문화를 계승하고 중국 남조(특히 양나라)와 교류하여 문화가 발달하였고, 그 문화는 신라, 가야 및 왜에 전해졌다. 웅진기 대표적인 유적으로는 왕릉(무령왕릉과 왕릉원), 왕성(공산성), 불교사찰(대통사지) 등이 있다.

- 한국향토문화전자대전 -

공산성이 겪은 지난 역사를 보면, 약 1,500년 전의 왕성으로 시작하여 오늘날 유네스코의 백제역사유적지구에 등재되기까지 매우 다이나믹하고 극적인 반전이 포함되어 있다. 백제역사유적지구의 세계문화유산 등재는 문화재청과 공주 시민들의 부단한 노력의 결과이며, 이것은 혁신이라는 용어로 설명될 수 있다. 혁신의 아이콘이 된 공산성을 현재의 위상으로 끌어올리는 데에는 왕궁의 실존이 결정적인 역할을 했다.

이 글에서는 추정 왕궁지를 약 1,500년 전 백제 웅진기에 왕궁이 입지했던 장소라고 전제하고, 이를 바탕으로 지리적 상상력에 기반하여 당시 최고 권력자인 백제왕이 공산성 내에 왕궁 후보지 입지를 선정하는 과정을 스토리텔링 하고자 한다.

백제 웅진기 왕궁 위치에 대한 견해와 공산성 추정 왕궁지 발굴 성과

공산성에는 백제 웅진기의 왕궁터로 추정되는 곳이 있다. 일반적으로 그곳을 사람들은 '추정 왕궁지'라 부른다. 추정 왕궁지는 1,500년 전 백제 웅진기에는 왕궁으로, 일제강점기에는 기마병 훈련장으로, 그리고 1985년 본격적인 발굴조사가 있기 전까지는 다양한 대회가 열리는 운동장으로 활용되었다.

『한원(翰苑)』과 같은 문헌에서 백제의 왕도 혹은 왕성을 의미하는 고마성이라는 명칭으로 웅진성(熊津城)을 기록하고 있어, 공산성이 백제의 왕성임에는 의심의 여지가 없다(이현숙, 2019). 따라서 공산성이 백제 웅진기의 왕성이었으며, 현재의 공주가 과거 웅진이었다는 것에 대해서는 모두들 공감한다. 그러나 공주(또는 공산성) 어딘가에 있을 왕궁의 위치에 대해서는 오랫동안 확정짓지 못했다. 그로 인해 백제 웅진기의 왕궁 위치에 대해서는 일제강점기 이후 최근까지도 고고학 및 역사학을 중심으로 지속적으로 논의의 쟁점이 되었다. 대부분 학자들은 공산성 내에 왕궁이 존재했을 것이라고 믿고 있지만, 일부 학자들은 삼국시대의 고구려 또는 사비기 백제의 왕궁 사례를 인용하여 공산성 밖에 왕궁이 존재했을 가능성도 제기하였다.

공산성 내에서 백제 왕궁의 위치를 찾기 위한 본격적인 조사는 1980년 4차례에 걸쳐 공주대학교 박물관을 중심으로 진행되었지만 특별한 성과를 얻어내지는 못했다. 이후 1985년 발굴 결과, 쌍수평탄지에서 백제시대 대형 건물지 여러 동이 발견되었고, 더 나아가 건물 기둥을 세웠던 구덩이 등을 통해 건물의 규모와 형태를 추정할 수 있게 되었다. 그 밖에 둥근 석축 연못, 지하창고인 목곽 저장시설 등과 많은 유물이 출토되었다. 따라서 당시 조사단은 발굴된 왕궁지의 단서에 근거하여 현 추정 왕궁지를 '왕궁지'로 특정했다.

그런데 애석하게도 당시에 공산성의 쌍수평탄면이 왕궁이었다는 결정적인 증거는 없었다. 오히려 발굴 유물 대부분이 백제 웅진기 이후인 사비 백제기나 통일신라의 것이기 때문에 현 추정 왕궁지를 '왕궁지'로 명명할 수 없다는 반대 의견이 대두되기도 하였다. 이에 당시 쌍수정 남쪽 뜰을 추정이라는 단어를 붙여 '추정 왕궁지'라는 애매한 용어로 부르게 되었다. 그 후에도 계속하여 발굴은 진행되었지만 왕궁의 흔적은 확인할 수 없었다. 그런 와중에 2018년 6월부터 진행되었던 공산성 발굴조사에서 현 추정 왕궁지에 실제 왕궁이 존재했을 가능성을 알려주는 2개의 중요한 증거가 발견되었다. 첫째는 '대궐의 문(문궐, 門闕)'이고, 둘째는 왕궁 관련 시설을 조성하기 위해 쌍수평탄면에서 국가 차원으로 행해진 대규모 토목공사의 흔적인 대형 건물의 기초부이다.

그 발굴은 공산성 발굴 개시 약 40년 만에 약 1,500년 전 공산성 내에 왕궁이 실제로 존재했다는 점과 왕궁의 위치가 현재의 추정 왕궁지라는 것을 확실히 확인해주는 계기가 되었다. 따라서 머지않아 '추정 왕궁지'라는 용어는 '왕궁지'로 대체될 것으로 생각된다. 그리고 지금도 공산성에서 백제시대의 흔적을 찾는 노력은 계속 진행 중이다.

추정 왕궁지 동쪽
대궐형 성토대지(출처: 공주대 박물관)

쌍수정 광장 백제 건물지
(출처: 공주대 박물관)

지리적 상상력으로 본 '공산성 백제 왕궁 후보지 입지 선정' 스토리텔링

지리적 상상력을 발휘하여 '공산성의 백제 왕궁지'를 선정해보자. 4곳의 평탄지 중 쌍수평탄지와 광복평탄지 두 곳이 고지성 평탄지로 일조량이 풍부하고, 사방이 대부분 개방되어 시야 확보에 유리하므로 신하들의 동태를 쉽게 감시·통제할 수 있는 곳으로 왕궁지로 적절하다. 비슷한 조건의 두 곳 중 최종적으로 쌍수평탄지가 선정되었다.

> **공산성의 백제 왕궁 후보지 입지 선정 과정**
>
> 첫 번째, 백제왕은 공산성을 대상으로 왕궁의 규모 등 몇 가지 조건을 충족할 수 있는 유력한 후보지 4곳(광복평탄지, 쌍수평탄지, 공북평탄지, 만하평탄지)을 선정했을 것이다.
> 두 번째, 지형학적 관점에서 지형요소(경사도, 해발고도, 사면향)별 분석과 후보지별 지형분석을 함께 실시했을 것이다.
> 세 번째, 그 결과를 바탕으로 성내에서 가장 유력한 왕궁 후보지로 현 추정 왕궁지가 있는 쌍수평탄지를 선정했을 것이다.

쌍수평탄지가 광복평탄지와의 왕궁 후보지 경쟁에서 우위를 점할 수 있었던 가장 큰 이유는 무엇일까?

왕은 왜 평탄지에 관심을 보였을까?

왕궁이 들어서기에 안성맞춤인 평탄지의 규모 측면에서 보면, 쌍수평탄지는 광복평탄지보다 넓으므로 왕궁 터 입지 선정에 있어 광복평탄지와의 경쟁에서 우위를 차지할 수 있었을 것으로 생각된다. 왕궁은 왕과

공북평탄지 전경. 전면에 보이는 건물이 공북루이다.

만하평탄지 전경. 전면에 보이는 건물이 영은사이다.

쌍수평탄지 전경. 전면에 보이는 뜰이 추정왕궁지이다.

광복평탄지 전경. 전면에 보이는 건물이 임류각이다.

그의 가족 및 그들을 보위하는 신하들이 함께 생활할 수 있는 비교적 넓은 면적을 필요로 하는 공간이다. 따라서 현 쌍수평탄지가 공산성 내의 고지성 평탄지들 중에서 가장 넓은 면적을 가진 공간이므로 왕궁 조성에 안성맞춤이라고 할 수 있다.

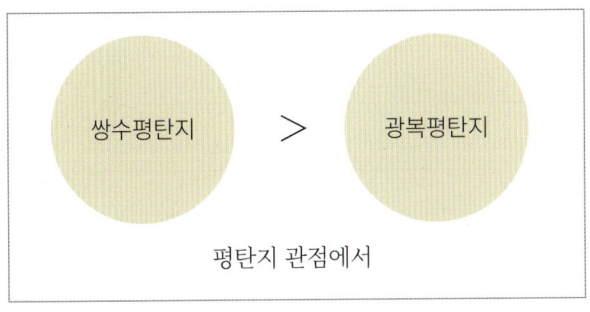

그런데 공산성 전체 스케일로 보면, 웅진기 백제왕의 공간인 공산성의 추정 왕궁지 즉, 쌍수평탄지의 크기는 겨우 공산성의 약 1.8%로써 프로축구장 크기(7,140㎡/2,163평) 정도에 불과하다는 점이 다소 의외이다. 공산성의 왕궁이 조성되었던 지형면이 대규모 범람원(또는 고원)과 같은 평탄지였다면, 왕궁의 규모가 지금보다 훨씬 컸을 가능성도 있겠지만, 오히려 크고 작은 계곡이 발달된 구릉의 협소한 평탄지를 대상으로 조성되었으므로 왕궁의 공간 확장성에 태생적 한계를 가질 수밖에 없었고, 그로 인하여 왕궁 규모를 일정 이상으로 크게 할 수 없었을 것이다. 그리고 '평탄지' 관점에서 공북평탄지는 쌍수평탄지에 비해 면적은 넓지만, 해발고도가 낮은 저지성 평탄지이므로 왕궁 후보지로 최종 낙점되지 못하는 운명을 맞이했을 것이다.

왕은 왜 해발고도에 관심을 보였을까?

해발고도 관점에서 보면, 공산성의 주요 4개 평탄지 중에서 쌍수평탄지가 두번째로 해발고도가 높은 평탄지이므로 해발고도가 가장 높은 광복평탄지에 비해 왕궁 후보지 입지 선정에 있어 더 매력적이지는 않다.

한편 공산성에는 2개의 봉우리(해발고도 광복봉 약 112m, 쌍수봉 약 82m)가 있으며, 그 곳에는 광복정과 쌍수정이 각각 입지하고 있다. 이 두 곳은 해발고도에 차이를 보인다.

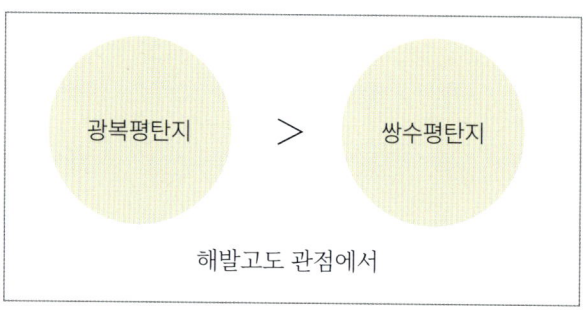

광복정 북쪽에는 광복평탄지(해발고도 약 99m)가 쌍수정 남쪽에는 쌍수평탄지(약 75m)가 분포하고 있는데 둘 다 모두 공산성 내에서 고지성 평탄지 그룹에 포함된다. 따라서 해발고도 측면에서 보면, 둘 다 해발고도가 낮은 저지성 평탄지(공북평탄지, 만하평탄지)보다 매력적이기 때문에 우열을 가리기가 매우 어렵다.

즉, 해발고도가 왕궁의 입지 선정에 중요한 지표일지라도 그것이 왕궁터 입지 선정에 절대적 기준이 아니었을 가능성이 크다는 것을 의미한다. 오직 해발고도만으로 왕궁터를 결정했다면, 임류각이 자리하고 있는 광복평탄지가 더 적합했겠지만, 그곳은 쌍수평탄지에 비해 면적이 상대적으로 협소하여 왕궁터로써는 상대적으로 덜 매력적인 공간이었을 것으로 추정된다.

왕은 왜 가시권에 관심을 보였을까?

쌍수평탄지가 백제 웅진기 공산성 내에서 공북루↔진남루를 상호 오고 가는 주요 통행로인 현재의 쌍수교에 가까이 위치하지만, 광복평탄지는 주요 통행로에서 한참 벗어나 있다. 이것은 왕이 쌍수평탄지를 선택하게 된 여러 요인 중 하나일 것이다. 즉, 쌍수교보다 상대적으로 비고가 높은 쌍수평탄지의 왕궁에서 생활하는 왕은 쌍수교 부근을 지나가는 신하(또는 백성, 귀족 등)와 물류의 이동을 쉽게 감시·통제할 수 있었기 때문이다.

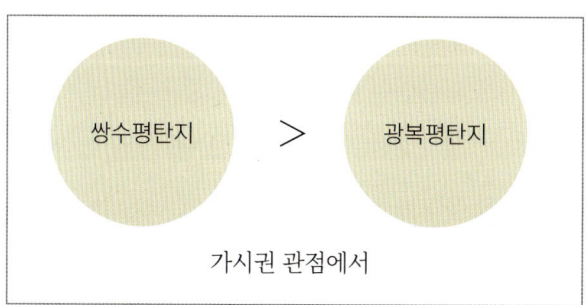

이에 비하여 광복평탄지가 최종 왕궁 후보지에서 탈락하는 고배를 마시게 된 이유는 왕궁을 수용할 수 있는 넓은 평탄지가 아니라는 점 이외에도 인적·물적 자원의 흐름을 쉽게 파악할 수 있는 범위(가시권) 밖

에 위치한다는 점도 크게 작용했을 것이다. 그로 인해 쌍수평탄지와 광복평탄지는 왕궁 후보지로서 최종까지 경합을 벌였지만, 공산성의 절대권력자는 마지막에 쌍수평탄지를 왕궁 후보지로 선정했던 것이다.

왕은 왜 의도적으로 권위를 연출했을까?

한성에서 웅진으로 천도 이후 당시 불안정한 정치 상황을 빨리 안정시키기 위해 왕의 권위를 표현하는 것이 급선무였을 것이다. 이를 위해서 왕궁의 규모도 대단히 중요하며 또한 왕이 특히 귀족들을 내려다볼 수 있는, 즉, 귀족들이 왕을 우러러 볼 수 있는 공간을 선택하는 것도 중요했을 것이다.

따라서 지형학적 관점에서 공산성 내에 현 추정 왕궁지가 당시 왕궁터로 선택되는 의사결정 과정에서 '왕의 의도적 권위 연출'을 고려했을 가능성이 크다. 왕은 의도적으로 귀족들에게 왕의 권위를 자연스럽게 느낄 수 있도록 영민하게 '의도적 권위 연출'을 할 필요성이 있었으며, 그 과정에서 고지성 평탄지인 쌍수평탄면이 왕궁 후보지로 선택된 것이다. 잠시 눈을 감고, 약 1,500년 전 공산성의 백제왕궁이 위치한 쌍수평탄지에 대해 지리적 상상력을 발휘해 본다.

왕의 최종 결정, 왕궁 후보지로써 쌍수평탄면 선정

지형학적 관점에서 쌍수평탄면에 왕궁이 조성된 이유는 쌍수평탄면이 전형적인 '고지성 평탄지'라는 점이다. 그로 인해 공산성 내에서 광복평탄지와 함께 일조량이 풍부할 뿐만 아니라 해발고도가 상대적으로 높아서 귀족들에게 자연스럽게 권위를 느끼게 하는 데에 유리하였다. 이것은 공산성 내에서 풍부한 일조량, 넓은 평탄지 및 높은 해발고도(비고)가 왕궁 후보지 입지 선정에 매우 큰 영향을 주었다는 것을 의미한다.

왕을 알현하기 위해 왕궁으로 가는 귀족들은 성문을 들어섰을 때, 왕궁이 분포하고 있는 땅은 탁상형으로 주위보다 높이 솟아있었기 때문에 그의 눈높이에서는 왕궁의 전경을 직접적으로 볼 수 없었다. 그것은 귀족들이 현 쌍수교 부근까지 오더라도 똑같은 상황이었다.

그들은 왕궁(쌍수평탄면)으로 가기 위해 경사진 계단을 한 계단 한 계단 조심스럽게 오르고서야 왕궁의 문 앞에 섰다.

잠시 숨을 고른 후, 대궐문이 열리고 귀족들은 쌍수평탄지에서 첫 발을 딛고 선 상태에서 왕궁을 바라보았다. 그의 눈에 장대한 왕궁 너머로 멀리 보이는 병풍 같이 연속된 봉우리(산)와 새파란 하늘의 풍경이 들어왔다.

가까운 거리에서 볼 수 있는 왕궁은 상대적으로 크게 보이고, 멀리 있는 산은 상대적으로 작게 보이는 시각적 착각을 일으켰다. 차경(借景)을 통해 멋진 산과 하늘이 왕궁을 의도적으로 더욱 돋보이게 한 것이다.

귀족들은 이 같은 멋진 경관에 감탄했으며, 그는 왕의 권위를 자연스럽게 받아들이게 되었다.

■ 차경(借景): '경치를 빌려 온다'는 뜻으로, 자연과의 조화를 중시하는 우리나라 전통 건축의 주요 기법이다.

그런데 쌍수평탄면이 광복평탄면과의 경쟁에서 비교 우위에 있을 수 있었던 가장 큰 이유는 왕궁 조성에 필요한 평탄지 규모 확보에 있어서 쌍수평탄지가 광복평탄지보다 상대적으로 넓은 평탄지를 보유하고 있기 때문이다. 그리고 공산성 내의 인적·물적 자원의 흐름을 한눈에 파악할 수 있으며, 감시와 통제가 가능한 곳에 위치하고 있다는 점도 무시할 수 없다. 또한 조경기법을 이용하여 화려하고 장대한 왕궁을 통한 의도적 권위 연출이 가능했기 때문에 신하들은 자연스럽게 왕의 권위를 느낄 수 있었다.

결국 공산성 왕궁의 입지 선정에 가장 중요하게 영향을 미치는 요인은 지형이다. 그로 인해 공산성 내에서 단 두 곳에서만 확인되는 전형적 '고지성 평탄지' 중 한 곳이 선택된 것이다. 그리고 2개의 후보지 중에서 최종적으로 한 곳을 고르는 과정에서는 단일 지형요소(예: 해발고도, 경사도, 사면향 등)의 최적(best) 환경이 아니라, 복수 지형요소의 최적과 준최적(better) 환경의 앙상블이 보다 중요했으므로 쌍수평탄지가 최종 왕궁지로 낙점되었을 것이라고 지리적 상상력을 펼쳐본다.

다윈의 '적자생존 이론'에 따르면, 각 단계별로 '가장 우수한(best) 종'만 살아남은 것이 아니라 '우수한(better) 종'도 그 다음 단계로 함께 진화한다. 따라서 지리적 관점에서 보면, 이처럼 공산성 내 왕궁지 입지 선정에 있어서도 개별요소의 '최적 입지 이론(Optimal location theory)'이 아니라 그룹 요소의 최적과 준최적이 조합된 '준최적 입지 이론(Suboptimal location theory)'이 적용되었을 것으로 생각한다.

본 에세이에 사용된 지형용어 해설

※ 글의 이해를 돕기 위해 지리적 관점에서 아래와 같은 용어를 사용하기로 한다.

- **공북골짜기** : 공북루에서 남쪽 방향으로 발달된 성 내에서 가장 큰 골짜기.
- **만하골짜기** : 만하루에서 남쪽 방향으로 발달된 골짜기.
- **광복봉** : 광복정이 입지하고 있는 봉우리.
- **쌍수봉** : 쌍수정이 입지하고 있는 봉우리.
- **공북평탄지** : 공북루에서 남쪽으로 펼쳐진 곡저형 평탄지로써 백제시대 옻칠 갑옷이 발견됨.
- **만하평탄지** : 만하루에서 남쪽으로 펼쳐진 곡저형 평탄지로써 영은사와 공산성 연지가 분포함.
- **광복평탄지** : 광복루에서 북쪽으로 펼쳐진 탁상형 평탄지로써 현 임류각이 분포함.
- **쌍수평탄지** : 쌍수정 일대와 그 남쪽으로 펼쳐진 탁상형 평탄지로써 현 추정 왕궁지 일대.
- **고지성 평탄지** : '고지성 개방형-탁상형 평탄지'를 의미한다. 공산성 내에서 해발고도(비고)가 상대적으로 높은 곳에 분포하고 주위를 둘러싸고 있는 능선(또는 봉우리)이 거의 없다. 이에 동서남북으로 가시권이 매우 좋으며, 마치 그 형상이 탁자처럼 생긴 평탄지이다. 광복평탄지와 쌍수평탄지가 여기에 해당된다.
- **저지성 평탄지** : '저지성 곡저형 평탄지'를 의미한다. 공산성 내에서 해발고도(비고)가 상대적으로 낮은 곳에 분포하고, 동서남북 중에서 3개 방향이 공산의 능선으로 둘러싸여 1개 방향만이 개방되어 있다. 이에 '고지성 평탄지'에 비해 동서남북으로 가시권이 그다지 좋지 않은 골짜기에 형성된 평탄지이다. 공북평탄지와 만하평탄지가 여기에 해당된다.

<참고문헌>

이현숙, 2019, 백제 웅진기 왕궁의 위치와 왕도의 구조에 관한 재검토. 백제학보 29, 129-167p.

오지연 등. 2022, 문화유산 다이어리. 쌍달북스, 221p.

정혜경·박지훈, 2020, 공산성 왕궁유적 복원고증 심화연구. -공산성 지형 연구-, 공주대 박물관.

www.grandculture.net(한국향토문화전자대전)

박지훈

약 20년간 본인이 구축했던 견고한 연구 세계를 자기 혁신(?)이라는 이름으로 과감히 깨뜨리고 나와 진짜 좋아하는 것을 연구하는 중이다. '지리학과 문화유산의 앙상블'을 통해 세상을 이롭게 할 수 있다는 신념을 가지고, 현재 도성지리연구소(都城地理硏究所) 소장으로서 문화유산지리학과 고고지리학을 다루고 있다. 특히 '도성의 지리 자원 발굴 및 가치 창출을 위한 연구', 그리고 '도성의 옛 자연환경과 당시 사람들과의 상호관계'에 대해 관심이 많다.
최근에는 지리적 관점에서 공산성을 해석하는 재미에 푹 빠져 있다. 그래서인지 삶의 만족도는 스스로 100점이라고 인정한다. 일본 도호쿠대학(東北大學)에서 박사학위를 받았으며, 현재 공주대학교(모교)의 지리교육과 및 문화유산대학원에서 학생들을 가르치고 있다.

pollenpjh@kongju.ac.kr

우리를 품은 상당산성

나를 설레게 하는 상당산성

작년 가을, 날씨 좋은 어느 날 큰아들과 드라이브에 나섰다. 화양동 주차장에 차를 대고 어슬렁어슬렁 화양계곡에서 트래킹을 하고 오는 길은 콧노래가 절로 났다. 큰아들이 취업에 성공하고 발령을 기다리고 있던 중이라 그보다 더 좋을 수 없는 날이었다. 산성고개를 넘어야 청주 시내가 보이는데, 상당산성을 그냥 지나치기 아쉬웠다.

요즘은 아들들에게 내가 좋아하는 장소를 소개하고 함께 공유하는 것이 아주 즐거운 일이 되고 있던 참이었다. 그날도 그렇게 잠깐 상당산성에 큰아들을 인사시키고 싶었다. 산성 입구 남문 앞에 도착하니, 이렇게 반가울 수가…. 남문 앞에서 달맞이 축제가 열리고 있었다. 야호~~! 이게 웬 횡재? 코로나가 시작되고 1년 10개월만에 보는 공연이었다. 이름도 잘 모르는 가수의 공연은 그것만으로도 나를 설레게 하기에 충분했다. 마스크는 썼지만, 손을 머리 위로 올려 박수도 치고 음악에 맡겨 몸도 흔들어 본다. 또 나를 공연으로 신나게 맞아주는 상당산성이었다.

상당산성은 늘 새로운 모습으로 나에게 다가온다. 중학교, 고등학교 때는 산성 밑에 있는 약수터로 소풍을 가곤 했다. 어릴 때는 감히 산꼭대기에 있는 산성까지는 올라갈 엄두도 내지 못하였다. 길이 아주 가파른 데다가 산성까지 올라가는 버스도 별로 없던 시절이었다.

사회생활을 할 때, 대학 생활을 할 때도 산성까지는 올라가 볼 생각이 없었고 산성 밑 약수터나 명암저수지에서만 맴돌았다. 상당산성이 가깝게 느껴지기 시작한 때는 산중턱에 터널을 뚫어 차량통행이 자유로워지기 시작할 때부터였다.

 미술학원을 운영할 때 미술교육 연구회에서 주최한 부모들과 함께하는 산성 성벽돌기 행사를 하면서 산성 성벽을 처음 돌아보았는데, 아이들과 부모님들의 행사에 집중하느라 정작 나는 산성을 제대로 즐기지 못했던 기억이 있다.

 어린이집을 10년간 운영하면서 산성 밑 박물관, 청주랜드, 동물원으로 일년에 몇 번씩 현장학습을 다닐 때에도 부모님들이 정성껏 만들어 보내주신 도시락김밥을 아주 맛나게 먹었던 기억만 남아있을 뿐이다. 참으로 정스럽던 시절이었는데, 아이들이나 어른이나 식사 시간이 가장 행복하고 즐겁다.

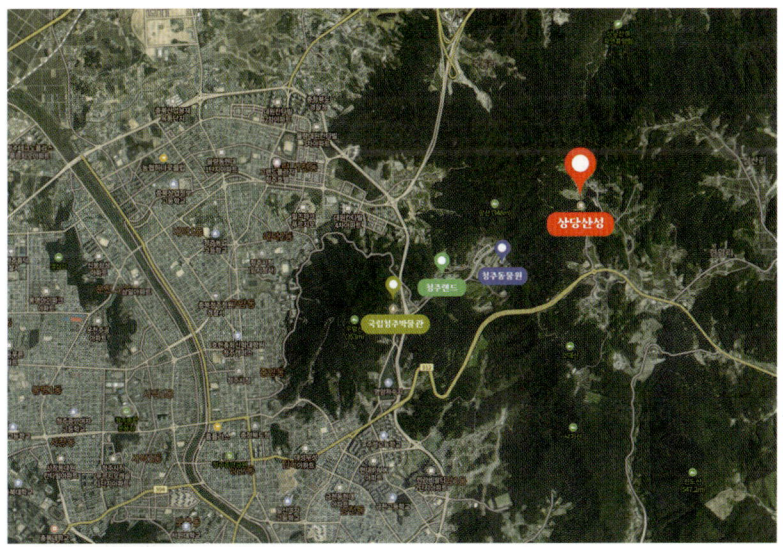

상당산성 위치도(네이버 지도)

산악회로 만난 산성과 인연1막

2011년 초등학교 친구들과 함께 산악회를 만들었다. 산을 좋아하는 친구들끼리 모여 한달에 한번 가까운 산을 등반하는 친목산악회였다. 산을 좋아해서 결혼하기 전에는 직장동료들과 산을 많이 다녀왔다. 직장생활을 하다가 뒤늦게 들어간 대학 3학년 때 같은 과 남편과 학생 부부로 결혼해 졸업하던 해에 큰아이 낳고 일하고 육아하고…. 나를 잃어버린 전쟁 같던 20년이 그렇게 흘러가며 산과 멀어지게 되었었다. 나를 위한 시간이 없었던 나에게 주어진 친구들과의 시간은 힐링 그 자체였다.

2011년 8월 14일 돌이켜 보면 참으로 가슴벅찬 날이다! 가까이 있지만 단 한번도 올라보지 못했던 상당산성을 첫 산행지로 정했다. 드디어 산성을 걸어 올랐다. 너무나도 더운 날이었는데, 그 감격은 이루 말할 수 없었다. 그렇게 상당산성과 나의, 인연의 1막이 올랐다.

한달에 한 번 혹은 두 번 그렇게 상당산성을 오르고 내려오고, 어린이회관 코스, 것대산코스, 백화산 코스, 산성둘레길, 내려가는 코스도 각 3개의 문마다 다르다. 봄여름가을겨울 수많은 계절이 지나도록 상당산성을 오르락내리락하면서도 그저 그곳에 당연히 있는 것이려니 여기며 산성에 대해 그리 궁금해하지 않았다.

상당산성 첫산행(2011.8.14.)

산성과 인연 2막을 열어준 Tom

공주대학교 문화유산대학원에 입학해서 Tom교수님의 문화유산활용론 첫 강의를 들은 날은 머리가 멍해지는 느낌이었다. 문화유산 에세이 주제를 선정하다 보니 상당산성이 내가 가장 가까이 접하는 곳이고, 가장 자신 있는 곳인데, 나는 상당산성에 대해 아무것도 모르고 있었다. 역사도, 문 이름 하나조차도 관심을 기울이지 않았다. 우리의 건조함과 무관심에도 불구하고 상당산성은 그렇게 우리를 품고 있었다. 상당산성은 지나간 우리의 이야기들을 모두 들었으리라…. 이제는 내가 상당산성의 이야기들이 궁금해졌다. 상당산성과 나와의 인연 2막이 오르는 순간이었다.

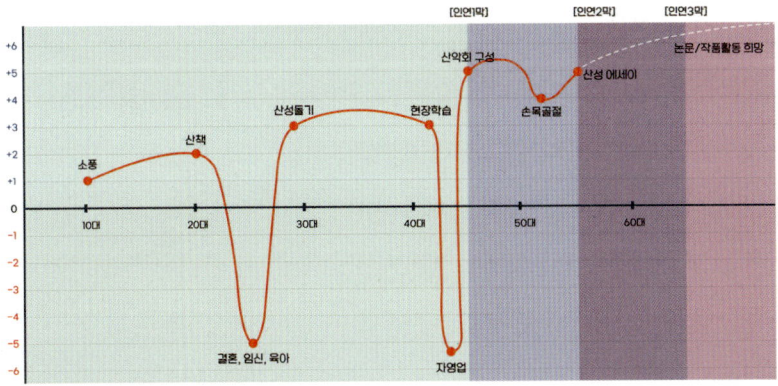

그래프로 보는 나와 상당산성의 인연

37

성벽길 따라 추억길 따라 따라와!

　이번에는 둘째아들과 함께 4.2km의 상당산성 성벽길을 돌아보기로 했다. 작년에 대학을 졸업하고 취업을 준비 중인 둘째아들은 산을 무척 싫어한다. 중학교 2학년 여름에 함께 올랐던 산성산행길은 3분의 1도 못 가서 포기하고 내려갔던 기억이 있다. 이번 산행은 밑에서부터 오르는 등산이 아니라 성벽을 따라 성벽 이야기를 들어보자고 간신히 설득해 동행했다.

상당이라는 이름은 '윗무리'라는 뜻으로 인근에서 가장 높은 곳임을 뜻한다. 삼국시대 백제의 상당현에서 유래된 이름으로 백제시대에 토성으로 쌓았다는 설과, 삼국사기에 김유신의 셋째아들 원정공이 서원술성을 쌓았다는 기록, 그리고 '상당산성고금사적기'에 궁예가 쌓았다는 기록이 있지만 정확한 축성년대는 알 수가 없다. '상당'이라는 이름으로 미루어볼 때 백제시대 청주의 지명이 상당이었으므로, 백제의 치세 때 상당에는 방어시설을 마련하고 사람들이 살고 있었을 것이라고 추정하

남문(공남문)(2022.4.11.)

고 있다. 지금의 상당산성은 숙종42년에 충청병사 유성추에 의해 개축이 시작되어 4년 만에 지금의 모습으로 성을 완성하였다고 한다.

 남문(공남문)으로 첫걸음을 시작한다. 상당산성은 계곡부를 감싸고 능선을 따라 성벽을 쌓은 포곡식 산성이다. 남문(공남문)은 홍예문으로 상당산성의 정문으로 언덕 위에서 아래쪽을 내려다보는 지형에 자리잡고 있으며 무지개문의 형태를 하고 있다. 공남문 위로 올라가니 더운 여름날 공남문 위에서 벌러덩 누워버린 친구 모습이 생각나서 웃음이 나온다. 성벽 안 아래쪽에는 대추술과 오골계탕이 대표적 음식이라고 하는 한옥마을이 있는데 우리는 청국장이나 두부, 막걸리를 주로 먹는다. 점심과 함께 막걸리를 마시고 하산하기 위해 다시 성벽을 올라와야 하는데, 공남문까지 올라오는 중에 막걸리가 친구를 공남문에 눕혀버렸다.

 여장을 따라 올라가다가 치성에서 남문을 바라보니 상당산성 앞으로 상여가 올라오는 모습이 보이는 듯하다. 상여가 트로이 목마를 연상시킬 줄이야…. 상제와 조문객들의 슬픈 곡소리에 군사들은 그저 망자에 대한 예의만을 갖추었을 것이다. 그러나 상여에는 시신이 없었다. 영조에 반기를 든 무리들의 무기가 가득 차 있을 뿐이었다. 결국 위장된 상여 행렬에 의해 성은 함락되고 만다. 이인좌의난 때의 일이다(영조4년).
 남문에서부터 서남암문으로 이어지는 여장을 따라가는 오르막길은 몹시도 가파라서 성벽을 도는 사람들이 가장 힘들어하는 구간이다. 둘째 녀석은 벌써 얼굴이 벌개져서 헉헉거리며, 쉬운 성벽돌기라더니 거짓말

상당산성 코스(상당산성 관광안내도)

이었다고 입이 대발 나와 얼굴이 복어 볼태기 같다. 덩치가 커서 그런지 유난히 산을 힘들어한다. "입 나와도 소용없어~, 오늘은 엄마 사진도 찍어주고 보디가드 해야 혀!" 누가 누구 보디가드인지 모르겠다.

 가파른 오르막길 끝 서남암문에 올라서면 우암산과 부모산을 비롯한 청주 시내가 한눈에 내려다보인다. 정북동토성을 중심으로 한 마한사람들, 산성을 중심으로 살았던 백제사람들, 그리고 와우산(현재 우암산)을 중심으로 살았던 통일신라때 사람들, 읍내를 중심으로 발전했던 고려시대의 삶까지, 지나간 청주사람들의 삶이 한눈에 보이는 듯한 느낌이 드는 감격스러운 풍경이다.

성벽 밑으로 통로가 있는데, 이것이 비밀통로라고 할 수 있는 서남암문이다. 유사시 적에게 드러나 공격을 받게 될 때는 내부에서 성문을 메울 수 있게 되어 있다.

1990년 제주도 간첩 침투 사건 때 남파간첩 김동식이 상당산성으로 침투해 서남암문 치성 밑에 드보크를 설치해서 북한과 암호, 무기를 주고받고 축포도 쏘던 곳으로 축포를 쏘아도 청주 시내에서 알 수가 없었고, 신고하는 사람이 없을 정도로 상당산성은 접근이 어려웠던 것으로 보인다. 당시 경찰 간부들은 문책받고 경질되었다고 한다.

서남암문을 통해 한남금북정맥을 따라 것대산 쪽으로 내려가다 보면 봉수대를 만날 수 있다. 것대봉수는 전국 5개 봉수노선 가운데 경남 남해(각산 봉수대)에서 남산(목멱)으로 이어지는 제2노선의 간봉에 속하며 남쪽의 문의 소이산 봉수에서 신호를 받아 북쪽 진천 소을산 봉수로 전달하였다고 한다.

서남암문

서남암문에서 내려다본 청주 시내

서장대

　성벽 위에서 내려다보이는 상당산성을 둘러싸고 있는 능선은 금강의 분수령이 되는 한남금북정맥이다. 이 능선은 속리산 천왕봉에서 뻗어 나온 것이고 초정을 지나 음성으로 이어져 김포에 다다른다. 한강 남쪽의 수계를 이루는 것이다.

　산은 괴산과 충주를 거쳐 죽산과 용인을 지나 청계산, 관악산과 만난다. 상당산성 안에서 발원한 물은 동쪽으로 흘러 충주의 달천강과 합류하여 한강에 이르고, 성 밖으로 떨어지는 빗물은 금강으로 흘러드는 것이다. 서남암문에서 서문으로 가는 성벽길 태극기가 꽂혀있는 곳이, 어린이회관에서 올라오는 등산로에서는 정상에 해당하는 곳이다.

등산로 정상

　태극기가 꽂혀있는 정상 바로 아래에는 항상 커다란 얼음이 있었다. 어린이회관 등산로로 1시간 30분을 올라와 정상에 다다를 때쯤에 만나는 얼음은 우리에게 너무나도 시원하고 고마운 위로였다. 그런데 몇 년 전에 매일 얼음을 가져다 놓아주는 아저씨가 오토바이에 얼음을 싣고 산성 비탈길을 오르다가 사고로 돌아가셨다. 그 이후로 얼음을 가져다 놓는 사람은 없고 그 자리는 돌탑이 쌓여 가고 있다. 그리운 얼음의 추억이다.

　서문 쪽으로 가는 길에 '수구'가 있다. 성벽에 쌓이는 물을 밖으로 배출시킴으로써 성벽의 붕괴를 막는다고 하는데, 선조들의 세심한 지혜로움에 새삼 감동하게 되는 설계이다. 서문(미호문) 쪽으로 가는 성벽길은

서문(미호문)

점점 가팔라지고 북쪽으로 갈수록 절벽으로 이어진다. 공격전력이 방어 전력의 10배가 되어도 뚫기 어려울 정도로 산세가 험한 지역이다.

 어느 가을 서문(미호문)으로 내려가 백화산을 거쳐 율량동으로 하산하기로 했다. 백화산 등산로를 잘 아는 율량동 사는 친구가 중간쯤 가서는 갑자기 냅다 뛰면서 내려가 버렸다. 이런 배신이…. 화장실이 몹시도 급했던 가보다. 우리는 가을산의 아름다움에 취해 별로 개의치 않았다. 아주 험한 산도 아니고, 깔깔깔 낙엽을 뿌려가며 단풍을 즐기며 내려갔다. 이상하다? 사람들이 왜 하나도 안 보이지? 가도 가도 우리가 아는 길이 보이지 않는다. 앗! 길을 잃었다고 생각하는 순간 하늘이 노랗다. 속리산 문장대에서 천왕봉으로 등반하던 때 공포스러웠던 하산길이 데자뷰된다. 산길에 홀린 듯하다. 같이 남아있던 한 명의 남자친구도 그리 미덥지는 못하다. 날은 점점 어두워지고 있었다. 산은 해가 빨리 진다. 두려움에 빨라진 발걸음으로 한참을 내려가다 보니 내수 쪽 마을이 보인다. 휴~~살았다!

　서문부터 북쪽은 산세가 험해지기 시작한다. 산세가 험해서 북쪽으로는 처음부터 문을 만들지 않았다고 한다. 가끔 산행을 더 하고 싶을 때는 동북암문과 동문을 지나 동장대로 불리우는 보화정으로 내려오기도

하지만, 보통은 서문에서 산성 안 한옥마을로 내려온다. 서문에서 한옥마을로 내려오는 길은 급경사를 이루고 있어서 조심스러운 길이다. 3년 전 눈 덮인 산성을 오를 때 아이젠 한쪽을 친구에게 나눠주고 한쪽만 장착하고 이 길을 내려오다가 미끄러져서 왼쪽 손목이 부스러진 사고가 있었다. 왜 넘어지면 아픈 것보다 창피한 게 먼저일까? 한 달간 깁스를 하고 고생을 해서 이 길을 내려올 때마다 겨울이 아니어도 늘 조심하게 된다.

산성한옥마을 저수지

상당산성, 다시 나를 꿈꾸게 하다

산성 안 한옥마을에는 저수지와 먹거리가 있어서 산행을 하지 않는 사람들도 청주 시내에서 차로 10~15분 정도 이동해 가볍게 산책하고 휴식을 취할 수 있는 최적의 장소이다. 몇 년 전에 자연마당을 만들고 사하지와 하지를 복원해 놓아서 사계절이 아름답고, 여름에는 연꽃 사이를 한가로이 산책하는 가족들과 연인들을 많이 볼 수 있다.

원래 성안에는 연못이 네 군데 있었고, 모두 수문으로 연결되어 있었다고 한다. 구룡사와 남악사라는 절과 관청과 무기고, 창고가 갖추어져 있었고, 창고에 쌀이 가득 차 있었던 것은 성이 산꼭대기에 있지만 땅을 파면 물이 나오고, 성안에 연못이 있어 천명의 군사와 만 마리의 말을 먹일 수 있을 정도로 물이 충분했기 때문이었다. 지금은 절과 관청 등은 터만 남아있고, 동장대와 서장대만 복원해 놓았다. 상당산성 에세이를 쓰기 시작할 때는 산성에 대해 알아보고 나와 산성의 지나간 인연 이야기만으로도 충분할 것 같았는데, 에세이가 진행될수록 산성과 또 다른 꿈을 꾸게 된다.

상당산성은 사적 제212호로 지정되어 있다. 청주시에서 몇 년 전부터 상당산성 부지를 회수하여 생태학습공간과 시민휴식공간인 '자연마당'을 조성하고 관아와 옛 건물 등을 발굴하는 유물복원 사업을 실시하는 중이다. 역사적인 유래가 깊고 성벽의 보존이 잘 되어 있듯이 산성 안도 성공적인 복원작업을 통해 원형을 회복하여 청주시민과 영원히 함께하기를 바란다. 아울러 복원된 상당산성과의 나의 인연3막도 기대해 본다.

강현순

사회적기업가로서 문화유산과 연계한 도자기체험 프로그램과 미술체험 프로그램을 개발하면 의미 있겠다는 생각에 문화유산대학원에 입학했다. 아는 만큼 보인다고 했던가 문화유산을 접하고 답사를 거듭할수록 문화유산을 바라보는 시각이 달라지고 있음을 느낀다.

이웃과 함께 문화유산을 향유하는 아름다운 삶을 꿈꾸며 나는 또 한 단계 진화한다. kj2647891@naver.com

그 해 수원화성은

나는 가끔 팔달산이 되어본다

머무는 하루가 아쉬워 햇빛 끝자락을 잡고 있는 어느 따사로운 오후에 나는 화성 제일 높은 곳, 서장대에 올랐다. 그곳에서 산 아래 펼쳐진 수많은 풍경을 보고 있노라면 재촉하는 시간을 혼자 가게 내버려 두고 풍경 구경에 푹 빠질 때가 많다. 미국의 어린이들이 즐겨하는 I SPY 게임처럼 수원화성 곳곳에 숨겨진 보물찾기 놀이를 시작하는 것이다. '어디 보자. 저기 저 성문은 검은 깃발이 가득하니 북쪽에 있는 장안문이군. 장안문을 지나 봉수대로 향하는 사람들을 찾아볼까?' 오늘은 손을 잡고 걷는 연인들을 찾아본다. '하나, 둘, 셋, 넷, 다섯! 음…. 좋을 때다. 다음은 어딜 가볼까?' 팔달산을 배경으로 자리 잡은 화성행궁 쪽으로 눈길을 돌려본다. 광장 가득 무리를 지어 걸어가는 학생들이 보인다. 단체로 수원화성 답사를 왔다가 돌아가는 모양이다. 그럼 오늘 화성행궁 주차장에는 대형버스가 가득하겠지? 옳지! 내 예상이 맞았다. 얼추 잡아도 서른 대가 넘는다. 잠깐! 저기 저 사람은 아까 서장대를 지나간 듯한데 벌써 방화수류정을 지나고 있네? 아무래도 오늘 5.7km가 넘는 수원화성을 한 바퀴 완주할 예정인가 보다. "와~ 경치 좋다!" 큰 소리에 놀라 뒤를 돌아 보다 서장대로 이어진 가파른 돌계단을 성큼성큼 올라오는 씩씩한 등산객과 눈이 마주쳤다. 제일 높은 곳에 올라왔다는 기쁨이 얼굴 가득하다.

이렇게 높은 곳에서 이렇게 재미난 풍경을 오랫동안 바라보자니 나는 문득 팔달산이 부러워지기 시작했다. 시간의 기록자 팔달산이 바라보았

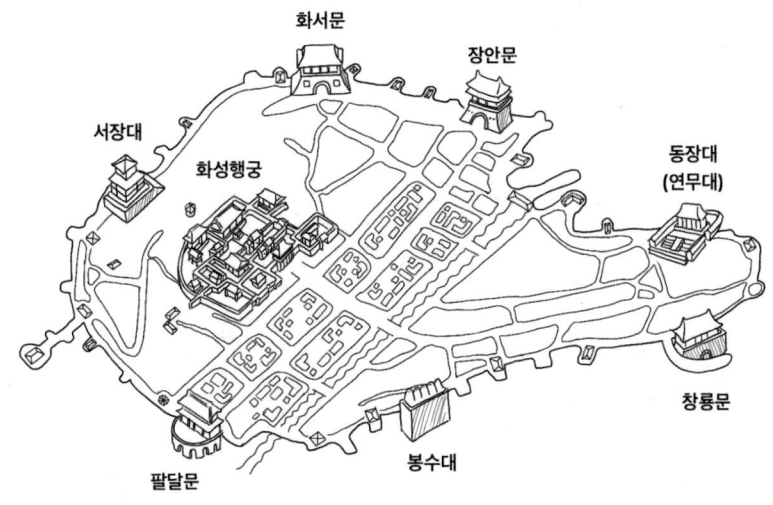

던 수원화성은 어떤 풍경과 이야기를 담고 있을까? 눈을 감고 팔달산이 되어보기로 했다.

잠자던 나를 깨운 그 날

 이른 아침부터 구릉이 들썩인다. 너나 할 거 없이 양손에 보따리를 들고 머리엔 이불이며 솥단지를 짊어진 사람들이 삼삼오오 모여들고 있다. 그 행렬은 산 넘어까지 이어졌으며 모두가 이곳 팔달산을 향하고 있었다. 귀를 기울이니 수원부에서 이주해온 사람들이라고 한다. 터를 떠나온 것이 아쉬운지 뒤를 돌아보는 이들도 있지만, 대부분은 새로 정착할 팔달산 이곳저곳을 세심히 살피는 눈치다. 터전을 옮긴 백성에게 임

금님이 이주 비용을 내주었는데 기와집을 가진 이는 300냥을 주었고 초가집 3칸을 가진 이에게도 6냥을 하사했다고 한다. 살던 곳을 떠나는 백성들의 서운한 마음을 살뜰히 살피고 헤아린 임금은 과연 누구이며 읍치를 통째로 비울 만큼 중요한 일은 무엇인지 나(팔달산)는 궁금했다. 채석장이 있는 나와는 달리 읍치가 있는 곳은 氣乘風則散(기승풍즉산) 界水則止(계수즉지)한 곳이다. 즉 수원부 읍치는 장풍득수(藏風得水)의 지형으로 조선 건국 이후 천하의 길지로 평가받아왔고, 그곳에 조선의 22대 정조 임금이 무덤을 조성한다고 한다. '지나친 욕심이다'라고 생각하는 나에게 저 멀리 풀을 움켜쥐며 눈물을 삼키는 어떤 이의 나지막한 소리가 들려왔다.

"아버지…."

樹欲靜而風不止 수욕정이풍부지　子欲養而親不待 자욕양이친부대
往而不可追者年也 왕이불가추자년야　去而不見者親也 거이불견자친야

나무는 고요히 머물고자 하나 바람이 그치지 않고
자식은 봉양하고자 하나 부모님은 기다려 주시지 않네.
한번 흘러가면 쫓아갈 수 없는 것이 세월이요
가시면 다시 볼 수 없는 것이 부모님이네.

- 논어(論語)의 한씨외전(韓氏外傳) 9권 중에서 -

스물셋, 정조가 왕위에 올랐다. 즉위식이 거행되는 동안 정조 마음에는 무엇이 떠올랐을까? 어린 나이에 아버지를 잃고 그늘막 없이 견뎌온 한맺힌 시간이 스쳐 갔을지도 모른다. 그러나 사랑받지 못한 시간보다 효도하지 못했다는 사실에 더 목매였던 정조였다. 아버지 사도세자의 무덤을 수원부 읍치로 모시고 '현명한 이를 융성하게 만든다'라는 의미로 '현륭원'이라 부른 후 정조는 자주 현륭원을 찾아 참배했다. 아버지의 억울함을 풀어 그 위치를 바로 하고 본인 자신도 국왕으로서의 전통성을 회복하기 위해선 아직 풀어가야 할 일이 태산이라 그는 환히 웃지 못했다.

그러나 팔달산에 이르러 백성들을 만날 때면 그들의 목소리에 귀를 기울이고 그들의 억울함을 듣고 해결하는 적극적인 모습을 보였다. 그런 그가 나를 찾아올 때마다 조금씩 주변이 변화하기 시작했다. 길의 흐름을 읽고 남북방향으로 도로를 내었으며 관청은 기존의 관습에서 벗어나 동향으로 배치했다. 상업 발달에 따른 유통구조를 이해하여 충청도와 전라도 지방에서 생산되는 각종 물자의 원활한 흐름을 예견했다. 그리하여 나는 채석을 캐던 산에서 한양과 지방을 잇는 중요 도시로 인식되었으며 '사통팔달'이란 이름도 얻게 되었다. 참으로 기분 좋은 일이었다.

슬픔을 걷고 기쁨은 내주다

며칠 전부터 들떠 있었다. 잠시 후면 엄청난 행렬이 이곳을 가득 채우기 때문이다. 기쁜 일일수록 함께 누리길 원했던 정조는 어머니 혜경궁 홍씨의 환갑을 내가 있는 이곳 수원화성에서 지내기로 했다. 혜경궁 홍씨와 사도세자는 동갑이었다. 혜경궁 홍씨의 환갑이 더 기쁜 이유였다. 팔달산 가장 높은 곳 서장대부터 군사훈련이 이뤄지는 동장대 넓은 마당까지 왕을 맞을 준비에 성안 모든 사람의 설렘들이 걸음에 묻어나왔다. 며칠 전부터 야간 훈련을 위해 집마다 걸어둔 불집도 모두 준비를 마친 듯 가지런히 줄지어 있다. 이윽고 거대한 행렬의 도착을 알리는 소리가 들려왔다. 나는 먼 거리였지만 그를 단번에 알아봤다. 어머니 혜경궁 홍씨가 타고 있는 가마 뒤로 흰 백마에 늠름하게 앉아 있는 그가 선명하게 눈에 보였다.

생전 처음 보는 6,000여 명이 넘는 대규모 행렬의 등장을 혹여나 놓칠세라 이웃 마을 백성들도 새벽부터 찾아와 자리를 잡고 목을 빼며 한편의 그림 같은 이 모습을 눈에 담고 있었다. 한양을 떠난 지 이틀이 되었지만, 그 누구의 걸음도 흐트러짐이 없다. 대각, 북, 피리, 징, 해금 등 취주악대의 연주 속에 800여 필에 달하는 윤기 가득한 말과 홍색 협수와 전복, 전대, 전립 차림의 관리들과 한층 들떠있는 병졸들의 모습까지 참으로 세련되고 완벽하기까지 하다. 행궁으로 향하는 길고 긴 행렬을 바라보는 백성들의 눈빛은 참으로 따스했다. 정조는 긴 여로에 지친 어머니를 살펴드리고 서둘러 화성에서의 일정을 시작했다.

萬川明月主人翁(만천명월주인옹), 이산

'文治奎章 武設壯勇(문치규장 무설장용)', 정조는 '문'과 '무'의 조화를 국정운영의 방향으로 삼고 '규장각'을 중심으로 새로운 인재를 양성하는 한편, '장용영'을 설립하여 군권에 힘을 실어 왕권을 강화하려 했다. 또한 그림을 통해 무예를 쉽게 정리한 '무예도보통지'를 편찬하여 무예의 체계성을 확립했다. 그리고 그간의 노력들이 결과로 나타나는 날이 바로 오늘이었다.

수원화성 가장 높은 곳, 서장대로 모두의 눈이 쏠렸다. 오늘 밤 야간 군사훈련을 앞두고 달리기 출발선에 선 선수들처럼 신호용 깃발을 손에 쥔 군사도, 화포 준비를 끝낸 군사도, 정조 곁을 지키는 나이 지긋한 백전노장의 지휘관들도조차, 긴장 탓에 손에 땀이 나는지 옷자락을 훔쳤다. 모두 한 사람의 목소리가 들리길 기다리고 있었다. 백성들도 집 앞에 걸어둔 등에 불을 밝히며 야간 훈련에 뜻을 동참했다.

드디어 왕의 명령이 떨어지고 그 명령을 하달하듯 큰 소리의 나팔이 울려 퍼지자 서장대에서 깃발이 올라가며 대기하고 있던 모든 성문에서 화포가 발사되었다. 하늘을 뒤엎는 화살과 서북공심돈에 설치된 대포의 발포 소리에 밤이슬을 피해 처마를 찾은 새들이 놀라 먼 하늘로 날갯짓해 나갔다. 전쟁이 일어나면 모든 사람의 힘이 응집되어야 하는데 오늘의 이 정도 단합력이라면 백만 군사라도 거뜬히 막아낼 기세였다. 정조의 얼굴에서 군권 확립에 대한 벅찬 성취감을 읽을 수 있었다. 흐르는 천이 만개여도 그 천을 비추는 달은 하나인 것처럼 임금은 만백성을 살

피는 존재라는 뜻의 萬川明月主人翁(만천명월주인옹)의 말이 가장 어울리는 이가 바로 정조였다. '만천명월주인옹'에는 군주의 권위와 함께 만개의 천과 함께하겠다는 뜻이 담겨있다. 시대를 앞서간 지도력에 감동한 나는 시원한 바람으로 화답해 주었다.

하얗게 변해버린 벼

1800년 6월 26일 오후 6시경. 나의 하늘이, 나의 시간이 멈추었다. 새벽에 논에 나간 농부들이 "잘 자라던 벼 포기가 갑자기 하얗게 되다니,

이게 무슨 일이야"라며 야단법석을 떨 때도 전혀 예상치 못했던 일이었다. 벼를 유심히 바라보던 한 노인이 작은 목소리로 '상복을 입은 벼구먼….'이라고 읊조릴 때 두려운 마음이 들었다. 불길한 예감은 틀린 적이 없다고 했던가. 나는 그렇게 정조와 갑작스럽게 이별을 맞이했다.

  정조가 떠난 후로 수원화성의 활기는 예전 같지 않았고 사람들이 떠나가면서 나 역시 즐거움을 잃어갔다. 슬픔은 거기서 끝나지 않았다. 나라를 구하기 위해 수많은 이들이 값없이 생명을 바쳤지만 안타깝게도 조선은 국권을 상실했고 경복궁 근정전에 일장기가 걸렸다. 수원화성에도 낯선 군복을 입은 사람들이 밀려 들어왔다. 군홧발로 화성 행궁 봉수당에 오르더니 자신들의 목적과 입맛대로 수원화성의 주요 건물들을 다른 용도로 변경하고 훼손하는 것도 모자라 철거하는 행동도 서슴지 않았다. 꿈을 담아 건설된 수원화성의 모습은 그 어디에서도 찾아보기가 힘들었다.

차라리 이 모습을 정조가 보지 않은 게 다행이면 다행이랄까. 참으로 처참하고 숨쉬기 힘들었던 35년의 세월이었다. 하지만 시련은 계속되었다. 새벽하늘에 섬광이 비치더니 마치 공간을 찢어버리기라도 하듯 엄청난 굉음의 포격 소리와 함께 성벽이 무너져내렸다. 6.25 전쟁으로 나는 예전의 아픈 상처가 다시 덧났다. 정조를 떠나보낸 것도 6월인데 참으로 잔인한 6월이었다. 지나던 사람들은 팔달산에 몸을 기댄 채 불안하게 서 있는 수원화성을 향해 "동문은 도망가고 서문은 서 있네. 남문은 남아있고 북문은 부서졌네!"라고 안타까워했다.

하지만 나는 무너지지 않았다. 외부의 압력을 받으면 화성암도 퇴적암도 더 단단한 변성암이 되듯이 나 역시 외부의 시련 속에서 이곳을 지켜내야 할 분명한 이유가 있었다. 오래전 수원부를 떠나 삼삼오오 팔달산에 정착했던 수많은 이들을 기억했다. 부역이 아니라 나라님으로부터 당당히 일한 값을 받고 즐거이 성을 쌓았던 백성들을 떠올렸다. 비록 시간은 더디 갔지만 봄이 찾아오고 여름이 왔으며 가을이 오고 겨울이 지나갔다. 수십 번의 계절이 바뀌고 바람이 불어오던 그때, 한 남자의 목소리가 들려왔다.

"이 책이 바로 화성성역의궤입니다. 설계도와 같은 이 책을 바탕으로 우리는 정조가 건설한 수원화성의 모습을 되찾으려 합니다."

정조를 위로하듯, 또 나를 위로하듯 그 옛날 성곽을 쌓던 모습처럼 다시 사람들이 모여 정조를 기억하며 수원화성을 다시 예전의 모습으로 바꾸기 시작했다. 복원된 수원 화성을 다시 품은 나는 움츠러졌던 어깨가 펴졌고 그런 나를 사람들이 자랑스러웠다. 그리고 팔달산 높은 곳에 '세계 유산'이라는 표석이 세워졌다. 한국인들이 자랑스러워하고 세계인들이 오고 싶은 세계 유산이 된 것이다.

지금도 사통팔달 수원화성

 골목길을 다니며 다정히 사진을 찍는 젊은이들이 눈에 많이 띈다. 드라마 '그해 우리는' 촬영지가 바로 이곳 수원화성이란다. 나를 배경으로 여기저기 사진찍기 바쁜 사람들을 보며 웃어줄까? 그늘을 만들어줄까? 나무를 흔들어볼까?' 나도 나름 포즈를 연구 중이다. 그런데, 저들은 잘 모르는 듯하다. 내가 그들의 어린 시절 방문을 모두 기억하고 있다는 사실을. 수원화성 봉수대를 지나며 다리 아프다고 주저앉자 형으로 보이는 이가 등을 내주었었다. 형아 등에 업혀 배시시 웃던 그 미소는 그대로 간직한 채 이제는 듬직한 청년이 되었다. 오늘은 여자친구랑 함께 왔다. 자동차는 없지만 강남, 송파, 사당, 잠실 등 서울과 수원을 잇는 다양한 광역버스의 운행 덕분이다. 아버지에게서 아들로, 아들에게서 그 아들로 추억이 순환하고 있다. 정조가 옳았다. 어머니의 회갑을 만백성이 함께 즐기는 잔치로 만들어 '즐거운 기억'이 세대를 뛰어넘어 회자되게 한 것이다.

정조를 떠올리며 융건릉을 바라보았다. 아버지가 아들을 안고, 아들이 아버지의 품에 안기듯 두 사람이 한 공간에 있다. 아무 말 없이 서로를 안은 그 모습에 내 마음도 평화롭다.

그 해 수원화성은

"저, 사진 한 장만 찍어주시겠어요?"

꿈을 깨고 돌아보니 수원화성에 놀러 와, 무척이나 기분 좋아 보이는 연인이 서 있다. 사진 버튼을 누르는 순간 앵글 안으로 팔달산이 들어왔다. 이 연인도 내가 그러했듯 수원화성의 멋짐을 오래 기억하길 바라며 팔달산을 배경으로 사진을 찍어주었다. 정조 이야기에 이끌려 가게 된 수원화성, 가족의 추억이 있어 다시 가고 싶은 곳 수원화성, 세계 유산으로 그 가치가 인정된 수원화성.

'그 해 수원화성'은 내게 늘 새롭다.

일러스트 ⓒ박주연 작가

고신애

문화유산을 활용하여 교육 프로그램을 개발하는 일을 하고 있습니다. 일정이 바쁘다는 핑계로 마음에 여유가 없었는데, 에세이 집필에 참여하면서 잊고 지낸 가족과의 추억도 떠올릴 수 있었고 그 덕분에 문화유산이 나의 삶을 얼마나 윤택하게 했는지 다시금 깨달았습니다. 기회가 된다면 나의 삶에 감동과 비전과 힐링을 주었던 소중한 문화유산을 다른 이들에게도 알리고 싶습니다.

hanamwith@gmail.com

2000년 역사를 품은
직산현 관아

초등학교는 집에서 2㎞ 떨어진 남산바위를 넘어야 갈 수 있는데, 1960년대 직산초등학교가 있는 그곳은 직산 읍내라 불렀고 큰 마을이었다. 학교에 가니 친구들도 많아 좋았고 오고 갈 적에 가게며 신기하게 지은 건물 등 볼거리가 많아 학교 다니는 것이 재미있었다.
 하루는 친구와 집에 가다가 멋있게 지은 2층 누각 건물이 있어 그곳에 함께 올라갔다. 높은 지대였고 2층으로 지어졌기 때문에 시야가 탁 트여 기분이 좋았다. 누각에는 수염을 길게 늘어트린 노인들이 장기를 두고 있었는데 조금 후 누군가 올라오니까 그 나이 많은 노인들이 '면장님!' 하며 모두 일어나 허리를 굽히며 인사를 하는 것이었다. 그 광경을 보고 나는 이 세상에서 면장이 최고 높은 줄 알았다. 면장은 무언가 얘기하더니 같이 왔던 사람과 잠시 후 자리를 떠났다. 그것이 직산 관아와의 첫 만남이었다. 2층 누각 건물은 대단히 크고 멋있었고, 마을에서 제일 높다는 면장님을 본 것이라 이상하게 호감이 들었다. 그리고 어린 마음에 '면장을 하면 좋겠구나'라는 막연한 생각을 했다. 당시 관아 건물은 직산면 면사무소 건물로 쓰였으며 2층 누각은 오고 가는 사람들의 쉼터 역할을 하고 있었다.

충청도의 관문 호서계수아문(湖西界首衙門)

 그 후 공직에 입문하면서 멋진 관아에 대한 사랑은 더 짙어져 역사 서적을 뒤져보고 천안문화원에서 발간되는 지역 자료를 찾아보곤 했다. 이를 통해 직산이 매우 오랜 역사의 유서 깊은 지역이라는 것을 알게 되었고 직산 관아 2층 누각의 현판 속 '호서계수아문(湖西界首衙門)' 글귀가 '호서지역(충청도)의 첫 관문'이라는 의미를 담고 있다는 것도 알게 되었다. 관아에 올수록 겉에 드러난 건물보다도 그 속에 숨어있는, 그리고 관아가 품고 있는 비밀스러운 이야기는 하나둘씩 베일을 벗어가며 나의 호기심을 더 키우고 있었다. 어느덧 호서계수아문은 나의 친구이자 동반자가 되었다.

 직산현 관아는 천안시 서북구 직산읍에 위치하며 충청남도 유형문화재 42호로 지정되어 있다. 조선시대 관아의 전형적인 건축물 중 가장 많이 남아 있는 곳이며 특히 호서계수아문은 관아문 중 백미로 꼽힐 정도이다. 현재 전국 각 지자체에서 관아를 복원하고 있는데, 직산현 관아를 많이 참고하고 있다고 하니 가히 알 만하다.

반갑다 친구야! 필자와 친구가 된 호서계수아문과 함께(2022.5.13.)

우리나라 관아 건물이 거의 없어진 것은 일제강점기에 우리 민족 정기를 말살하려고 지방관아 건물을 없애고 식민교육과 통치에 필요한 학교, 경찰서 등 건물을 지었기 때문이다. 이런 상황에서도 직산현 관아가 일부라도 남아 있는 것은 참 다행이었다.

　직산현 관아는 외삼문인 호서계수아문과 객사 그리고 내삼문, 외동헌, 내동헌이 있다. 외동헌은 현감이 업무를 보는 건물로 관아의 핵심 건물이며, 우리가 보통 말하는 동헌이다. 현감은 종6품으로 지금의 면장(사무관 5급)과 같은 직위이지만 행정, 사법, 군사권까지 지휘하였으니 가히 한 고을의 무소불위 권한을 가진 자라 할 수 있다. 조선시대 역대왕들은 직산에 관심이 매우 높아 태종을 비롯하여 세종, 문종, 세조와 인

충청관찰사 민치상 등 영세불망비(2022.4.2)

조, 현종, 숙종, 영조 등 어가의 행차가 수십여 차례에 이른다. 이는 직산이 삼남의 관문이라는 점에서 교통의 요충지이기 때문일 것이다.

호서계수아문 옆에는 영세불망비, 애민선정비 등 20개의 공덕비[1]가 세워져 있다. 충청관찰사 민치상, 도순찰사 김영순, 그리고 군수 손여성과 현감 이민기 등의 비이다. 군수와 현감 공덕비는 직산현이 직산군과 직산 지군사로 승격되고 강등되고 하여 이해되나 관찰사와 도순찰사까지 공덕비가 있는 것이 이례적이다. 공덕비는 보통 근무지 관청에 세우는 것이 일반적이기 때문이다.

공덕비를 살펴보니 직산현감과 군수들이 고을은 작아도 백성을 사랑하는 애민정신이 강하고 청렴한 일면을 찾아볼 수 있었다. 직산 현지를 둘러봐도 악덕한 현감, 군수가 보이지 않아 다행이었다. 필자가 2007년 면장으로 부임했을 때, 얼마 안 있어 민가에서 불이 난 적이 있었다. 다행이 인명 피해는 없었지만, 그날 관련 부서와 협의하여 재해구호비 등 행정적 지원을 마치고 관사로 돌아와 밤새 잠을 이루지 못했다. 나의 부덕함이 커서 불이 난 것만 같고, 주민들의 고생을 생각하니 마음이 아팠다. 이후 모든 일을 임할 때 주민을 위해 오늘이 마지막이라 생각하기로 했다. 나의 정신적 변화를 만들어 준 화재사건을 지금도 나는 잊지 못하고 있다. 하물며 면장이 이럴진대 시장이나 도지사는 얼마나 마음고생이 클까 생각하니 직산현 관아에 있는 공덕비를 세워준 현감들이 더없이 훌륭하게 느껴졌다.

백제 근원이 되는 누정인 제원루

1597년 왜군은 재차 조선을 침략하고 진주성과 전라도 지역인 남원성을 함락하면서 호남지역을 점령하였고 파죽지세로 충청도 직산까지 올라 왔다. 왜군은 직산 전투에서 패하면서 퇴각 시 제원루와 온조사당을 불태웠으니, 참으로 애석한 일이 아닐 수 없다. 제원루가 언제 지어졌는지 알 수 없으나 1476년(성종 7년) 이전에 건축한 것임은 틀림없다. 왜냐하면, 서거정(1420~1488)이 1476년도 『삼국사절요』를 편찬하면서 여러 가지 서책을 보니 직산이 백제의 첫 도읍지였음을 의심할 여지가 없다고 하면서 제원루에 올라 감개무량함을 이기지 못하여 시를 남겼기 때문이다.

제원루 자리터(2022.5.13.)

서거정이 당시 왕의 사명을 받고 영남을 갈 때 제원루에 올라 남긴 시를 소개해 본다.

> 백제의 옛터에 잡초만 절로 우거졌어라
>
> 내 와서 보니 감개하여 마음이 상하누나
>
> … (중략) …
>
> 누에 오르니 추풍에 슬픈 생각 하 많은데
>
> 어드메서 부는지 철적 소리가 들려오누나
>
> - 서거정의 제원루시(출처 : 국역 신증동국여지승람) -

제원(濟源)은 백제의 근원이 여기에서 시작되었다는 뜻인데, 제원루(濟源樓)는 직산 관아 뒤편에 있었다. 직산관아에 오는 날은 어김없이 제원루가 있던 곳에 오는데 그동안 직산관아에 들렀던 세종대왕을 비롯하여 여러 제왕과 당대 최고의 학자였던 서거정, 그리고 조선시대 4대 문장가 중의 한 분인 신흠 등 많은 문무백관이 다녀갔다고 생각하니 제원루 표지석에 더욱 애착이 갔다. 그리고 왜군에게 불타 없어진 지 400여 년이 지나도록 제원루를 방치해 둔 죄책감도 같이 들었다. 일본에게만 두 번 당하는 슬픔을 맛 본 제원루의 역사는 일본과의 기구한 악연인 셈이다. 정유재란 때 왜군에게 불태워졌고, 일제강점기에는 제원루 자리마저 헐리면서 직산초등학교 교정에 표지석만 홀로 남아 있다. 키 작은 표지석은 자기의 애환을 나에게 말해주는 것 같았다.

"맞아, 나 역시 그렇게 생각해, 생각할수록 마음이 아파, 이제 더는 일본에게 당하지 말아야지. 한 번도 아니고 두 번씩이나 당했으면 되었지. 아무리 어렵더라도 꿋꿋하게 자리 지키고 있어. 더 좋은 집 지어 줄게"

복원 예정인 제원루 모습(2018. 2월)

　지금은 제원루 복원을 위하여 관계기관에 건의하고 있으며, 조속히 복원하여 백제의 첫 도읍지 상징물 중의 하나인 제원루 모습을 보고 싶은 마음이 간절하다.

아! 백제시조 온조왕 사당이 복원되다
2010년 공주·부여에서 세계 22개국이 참가한 세계 대백제전 행사가 열렸다. 백제 혼불을 백제의 수도가 있었던 공주, 부여, 서울 송파구에서 한 후 부여에서 혼불을 합치는 행사를 기획하고 있었다. 당시 필자는 충남도청에서 근무하고 있었는데, 이 사실을 알고 대백제추진위원회 관계자에게 반론을 제기하였다. 전국 유일하게 실존하는 위례산성이 있고 『삼국유사』, 『고려사』, 『신증동국여지승람』 등 각종 역사서에 고려에서 조선시대까지 백제의 첫 수도가 직산으로 되어 있는데, 직산은 왜 하지 않느냐는 내용이었다. 대백제추진위원회에서 직산 혼불 채화에 대한 미온적인 답변은 들은 필자는 즉시 당시 천안시장에게 전화하여 시급히 도지사에게 백제 혼불 채화를 천안에도 할 수 있도록 건의하라고 알려주었다.

다음날 천안시장이 도청을 찾아 필자와 함께 도지사를 면담했다. 그 자리에서 결정할 수 없는 안건이라 충청남도 정책협의체에서 혼불 채화 여부를 협의하기로 했다. 결국 천안시장의 건의가 받아들여져 천안에서도 세계대백제전 행사 혼불을 채화할 수 있었다. 백제 건국 첫 도읍지였던 위례산성에서 천안시장이 칠(七)선녀와 함께 백제 혼불을 채화하여 공주, 서울 송파구와 함께 부여에서 혼불을 합화하기도 하였다. 백제 혼불 채화 이후 천안시의 오랜 숙원사업이었던 온조왕 사당 복원은 급물살을 타게 되었고

위례산성에서 혼불채화(출처: 천안시)

천안시민과 향토사학자들이 힘을 모아 2015년에 온조왕 사당을 복원하였다. 2000년 전 백제의 부활을 알리는 대백제 행사는 천안에서의 백제 혼불 채화와 함께 정유재란 때 왜군에 불태워 없어진 지 400여 년만에 온조왕 사당 복원으로 이어져 지역과 전국에서 관심을 가지고 탐방하고 있다. 온조왕 사당은 세종대왕이 삼국의 시조에 대한 사당을 지으라고 신하들에게 명하여 신라 시조 박혁거세는 경주에, 백제 시조 온조는 직산에, 그리고 고구려 시조 주몽은 평양에 건립하여 제향을 지냈다. 온조왕 사당은 1429년(세종11년)[2] 직산에 건립하여 춘추로 왕이 향축을 내려 제향하였던 것이다.

 백제가 고구려와 같이 단기간에 성장하여 13년 후인 B.C.5년에 영토확장과 강력한 군사력은 더 넓은 평야와 육로와 수로의 교통 요충지인 한강 유역에 있는 한산(현재, 경기도 광주)으로 천도[3]는 필연적이라고 볼 수 있다.

온조왕 사당 정면(2022.4.2)

2000년 전 어려운 여건 하에서 남하하여 동아시아 해상무역을 주도하면서 찬란한 문화를 꽃피운 온조왕. 이를 도와 백제를 반석 위에 올려놓을 수 있게 만들어 준 십신(十臣) 후손들이 사당 복원으로 인해 이제 제대로 온조왕에게 제향을 드리게 되었으니 왕도 흐뭇해 할 것이다. 2000년 전 온조왕을 만난 듯한 기쁨과 함께 그동안 복원하지 못했던 마음의 부담에서 벗어나 나는 어린아이처럼 하늘을 나는 듯 뛸듯이 기뻤다.

온조왕 사당 측면(2022.4.2)

조선을 뒤흔든 장렬왕후 직산관아에서 탄생하다

1636년 병자호란은 비록 45일간의 짧은 전쟁이었으나 그 피해는 일찍이 당해 보지 않은 굴욕이었다. 소현세자와 봉림대군(후에 효종) 두 왕자가 인질로 잡혀가고 수많은 백성들이 포로로 끌려가는 비운을 겪었다. 인조로서는 차마 눈 뜨고 볼 수 없는 악몽 같은 심정이었을 것이다. 이러한 어지러운 조선의 상황 속에서 장렬왕후 조씨는 인조의 인열왕후 한씨가 죽은 지 3년 후인 1638년(인조 16년) 한씨에 이어 두 번째 왕비로 책봉되어 가례를 올렸다. 장렬왕후[4]는 1624년(인조 2년) 조창원이 직산현감으로 있을 때 관아 내동헌에서 탄생하였는데, 아버지는 한원부원군 조창원이며 어머니는 대사간 최철견의 딸인 완산부 부인이다.

장렬왕후가 탄생한 내동헌(2022.4.16.)

장렬왕후에게 시련이 찾아온 것은 1659년 효종이 죽고 나서다. 효종에 대한 복상문제로 서인과 남인 간에 정치 논쟁이 생겼는데, 이것이 바로 조선을 뒤흔든 예송논쟁의 시작이다.

> 당시 집권파인 서인은 효종이 장자(소현세자)가 아니고 차자(봉림대군)이기 때문에 1년복을 해야 한다 하고, 남인은 효종(봉림대군)은 차남이지만 왕위를 이었기에 장남 대우를 받아 3년복을 입어야 한다고 주장했다. 현종은 서인의 주장을 따랐고 장렬왕후(조대비)는 1년 복상을 하였다. 따라서 남인 윤선도 등은 유배를 떠나야 했는데, 이것이 1차 예송논란이다.
> 그 후 1674년(현종 15년) 며느리인 효종(봉림대군)비 인선왕후가 죽자 다시 복상문제가 일어났다. 서인은 대공설 즉 9개월 복상을 주장하였고 허목 등 남인은 1년 복을 주장하여 이번에는 남인이 승리하여, 송시열 등은 유배되었는데 2차 예송 논란이다.
>
> - 예송논쟁(출처 : 조선왕조실록을 보다(인종~현종)) -

장렬왕후 조씨는 인조 계비에 이어 효종, 숙종, 현종 때까지 4대에 걸쳐 궁중의 어른으로 지냈으며, 1688년(숙종 14년) 64세를 일기로 창경궁에서 죽었고, 능호는 휘릉으로 경기도 구리시 인창동에 있다. 자신의 의지와는 관계없이 조선시대 최대의 논쟁에 휘말리면서 수많은 관리들이 파직되어 유배되는 현장을 지켜보며 백성을 위한 정치가 아니고 권력유지를 위한 고관대작들에 대한 실망으로 장열왕후(조대비)는 하루도 편치 못했을 것이다. 아울러 백성들의 고통에 아랑곳하지 않고 1년 복이니 3년 복이니 하면서 15년간 논쟁을 이어간 관료들에게 궁실의 어른으로서 백성들을 위한 정치를 하라며 호통치던 모습이 눈에 아른거린다. 아무튼 이 시기에는 예학의 시대라고 할 정도로 예학의 극성기라 하지만 필자의 가슴에는 대기근과 역병으로 수많은 백성들이 죽어가는 무시무시한 국가적 재앙 속에서 하늘에 먹구름이 잔뜩 끼어 있는 조선의 앞날을 생각하면서 잠을 이루지 못하는 까닭은 무엇 때문일까? 당시 국가 안위와 백성들의 아픔을 뒤로 한 채 예법을 명분으로 오로지 권력에만 눈이 먼 관리들을 다시 한번 곱씹어 본다.

　직산은 제원루, 온조왕 사당 등 2000년의 오랜 역사를 지닌 지역이며, 인조의 계비인 장렬왕후가 탄생한 곳이기도 하다. 이제는 그동안 관아로써 주민과 격리되어 홀로 살아오다가 잃어버린 전패를 찾아라[5], 추억의 달빛음악회 등 각종 문화 행사를 행함으로써 주민과 함께하는 장소

잃어버린 전패를 찾아라
(출처: 우리역사문화조합)

추억의 달빛음악회(출처: 우리역사문화조합)

로 탈바꿈하고 있다.

 앞으로 호서계수아문, 온조왕, 장렬왕후 등 역사적 인물과 사건을 스토리텔링하는 작업에 꾸준히 관심을 갖고자 한다. 지역의 역사를 알고(知), 지역의 특산물인 거봉포도를 먹으며(食), 시민들에게 감동의 추억을 각인(印)시키는 지식인(知食印) 역사문화축제로 거듭나 더욱 발전해 나가는 모습을 기대해 본다.

< 각주 >

1) 김종식, 2014, 「천안의금석문소고」, 『천안향토연구』, pp223~225.

2) 『세종실록』 제44권, 기유년, 5월, 임자일.

3) 『삼국사기』 권제23권, 온조왕 13년. 『삼국유사』 권제1, 왕력제1, 온조왕.

4) 1649년 인조가 죽고 효종이 즉위하자 대비가 되어 조대비로 불렸으며, 1651년(효종3년) 자의(慈懿)의 존호를 받아 자의대비로 불렸다. [출처 : 조선왕조실록을 보다(인종~순종)].

5) 전패는 조선시대 각 고을 관청에 왕을 상징하는 전(殿)자를 새긴 나무패인데, 1791년(정조 15년)에 직산현에서 발생한 전패 분실사건을 프로그램화하여 여러 팀으로 나누어 미션 수행을 통해 찾는 게임이다. [출처: 정조실록]

< 참고문헌 >

『삼국사기』

『삼국유사』

『신증동국여지승람』

『세종실록』

『정조실록』

김종식, 2014, 「천안의 금석문소고」, 『천안향토연구제1집』, 천안서북문화원.

민족문화추진회, 1989, 『국역 신증동국여지승람』, 민문고.

박찬영, 2015, 『조선왕조실록을 보다 (인종~순종)』, 리베르.

곽동석

공직생활을 마치고 원래부터 관심을 가지던 역사 공부를 위해 본격적으로 역사문화 탐구에 동행하기로 하였다. 역사문헌 근거 찾기, 현지탐방 등 어려움은 있으나 내 마음의 친구 그리고 정신적 동행자가 새로 생겨 즐겁고 의미 있는 나날을 보내고 있다.

kwakdongseok@hanmail.net

조선의 강남8학군
종학당 출신들

충남 논산 노성면 병사리에는 조선시대 소론(少論)의 영수(領袖)인 명재 윤증이 살던 종학당이 있다. 공주시 계룡면과 인근의 노성면 교촌리는 국립공원으로 지정(1968년)된 계룡산을 품고 있는 지역이다. 시골 선비 명재 윤증은 임금님이 내린 20여 차례의 관직들도 모두 마다하고 이곳 종학당에서 후학양성에 전념했다.

파평윤씨 교육도장 종학당(宗學堂)은 현대판 특목교

봄이 찾아왔다. 들과 산을 따라 아내와 함께 '공주의 봄'을 달렸다. 빛깔에 취하고 향기에 취해 달리다 보니 노성산성에 이르렀다. 노성산성은 백제 사비시대에 축조된 테미식 산성이다. 노성산 주변에는 송당리 애향탑, 공자를 모신 궐리사, 고령 김씨 집성촌 가곡리 등 주변에 문화유산이 많아 자녀들의 역사교육을 위해 찾아오는 가족들의 발걸음이 끊이지 않는다.

논산시 노성면 병사리는 사족(士族) 파평윤씨와 명문(名門) 밀양박씨 규정공파의 집성촌으로 최근에 한국 유교 문화연구원이 개원하여 유교교육의 메카로 급부상하고 있다. 또한 파평윤씨 노종파(魯宗派)들의 묘소가 많이 있는 곳이다. 병사리 지명은 묘소를 지키는 묘막(墓幕)을 병사라고 하는데 '묘막'이 있는 동네라 하여 '병사리'로 부르게 되었다는 유래와 종2품 병마절도사의 진영이 있다 해서 '병사(兵舍)'라고도 한다.

필자의 저서 『우리 가문의 이야기(2009)』에는 16세기 후반 파평윤씨 논산 입향조 윤돈(尹暾)의 아들 윤창세가 아버지 묘소를 비봉산 자락에 모시고 이곳 병사리로 들어와 마을을 형성했다고 수록되어 있다. 1894년 갑오개혁으로 신분제가 폐지될 때까지 수백 년간 윤씨 관련 재실과 묘소, 종학당, 신도비(神道碑), 의창(義倉) 등 파평윤씨와 관련된 건축물들과 여러 설화들이 병사리 마을에 들어섰다. 저수지를 둘러싸고 자리 잡고 있는 병사2리는 노성윤씨(파평윤씨)의 세거지인 영향 속에서도 자신들의 삶을 일궈나간 명문(名門) 밀양박씨 규정공파(糾正公派 : 파조는 밀성대군 15세 박현)의 종족마을이다. 병사리에서 씨줄과 날줄로 엮어지는 과거와 현재의 이야기가 동네 주민들의 구전(口傳)과 문헌을 통해 전하고 있다.

병사리의 문화유적으로는 충청남도 유형문화재 제152호 파평윤씨 종학당, 유봉영당(酉峯影堂), 파평윤씨 재실, 충헌공 윤전 재실(계룡면 유평리에도 있음), 파평윤씨 덕포공재실(덕포공 윤진(尹搢, 1666년 별시(別試) 문과에 장원급제하여 1679년에 종4품 순창군수에 부임하였는데 당시 선정을 베풀었다고 전해짐) 등이 있다.

종학당에서 그리 멀리 않은 계룡면 월곡리에 살았던 나는 초등학교 시절 훈장 선생님과 동네

종학당 가는길(2022. 4. 17.)

종학당에서 바라본 파평윤씨 묘소와 병사리 저수지

어른들로부터 백의정승이었던 윤명재 이야기와 "종학당에서 과거급제자가 많이 나왔다"는 이야기를 듣고 자랐다.

 종학당은 선현의 향사와 교육을 겸했던 서원(書院)이나 서당과는 달리 오로지 자녀들의 교육을 위해 설립(1682년)되었다. 종학당(宗學堂)이란 '문중의(宗) 자녀들을 공부(學)시키는 집(堂)'이라는 뜻이다. 종학당(종학원이라고도 함)에서는 학칙제정 및 교육과정도 제정하여 체계적인 교육도장으로 운영했다. 또한 '초학획일지도(初學劃一之圖), 위학지방도(爲學之方圖)' 등 설립 이념과 학규(學規)도 있었다. 종학당에서는 초급과정을 백록당에서는 상급과정을 배우는 등 수준별 수업을 진행했다.

종학당의 밥상머리 교육

　파평윤씨가 조선의 명문가로 두각을 나타낸 것은 1628년 윤순거가 세운 종학당에서 시작한 문중 자녀들의 '밥상머리 교육' 덕분이다. 아프리카 속담에 '아이 하나를 키우기 위해선 온 마을이 필요하다'는 말이 있다. 아이가 태어나 건강하고 바른 청소년기를 거쳐 어른으로 성장하기 위해서는 학교 교육뿐만 아니라 사회의 관심과 가르침이 필요하다는 뜻이다. 가정은 아이의 최초의 교육현장이다. 핵가족화된 현대사회에서는 가족 관계가 단절되는 부작용이 생겨났다. 최근 현대사회의 문제로 '인성의 결여'가 거론되었고 그 해결책으로 밥상머리 교육이 주목받고 있다. 밥상머리 교육은 한 인간의 삶에 있어 가장 기초적인 인성 및 예절 교육을 제공한다.

　청소년 범죄 현황만 봐도 알 수 있다. 2014년 경찰청 통계에 따르면 18세 이하 청소년이 저지른 전체 범죄 건수는 총 7만7천280건에 달한다. 그 중 청소년이 저지른 강력범죄는 2천610건으로 전체 강력범죄 건수(2만5천65건)의 10.4%를 차지했다. 청소년 범죄유형은 절도(27.2%) 다음으로 강력범죄의 비율이 높았다. 교육부 자료에도 전국의 학교폭력 심의 건수는 1만9천968건인데 학교폭력을 분석한 결과 상해 및 폭행이 가장 많이 일어나고 있는 곳은 중학교였다. 청소년기의 밥상머리 교육이 중요한 이유이다.

　요즘은 가족과 별도로 밥을 따로 먹는 사람이 많다. 내가 사는 유성 수통골 대학교 주변도 혼밥 식당이 몇 개 있고 학생들이 그곳에서 혼자 식사하는 모습을 자주 볼 수 있다. 바쁜 현대인들이 시간이 안 맞아 식사를 혼자 하지만 혼밥을 지속적으로 하는 것은 교육적으로도 문제가 있어 보인다. 옛 어른들이 강조한 밥상머리 교육은 우리나라 대부분 가문의 자녀들은 물론이고 유대인이나 미국 케네디가에서 잘 볼 수 있다. 노성 공주에 산거(散居)해 온 파평윤씨도 밥상머리 교육을 중요시했다. 현대의 교육이라고 하면 대개 배점이 많은 입시 위주의 영어, 수학을 떠올리게 된다. 그러나 사람에게 정말 필요한 교육은 '인성(人性)교육'이다. 옛 어른들은 "공부보다 사람이 먼저 되어야 한다"는 말을 자주 했다. 가족이 함께하는 밥상머리에서 대화를 통해 어른들의 지혜와 삶의 경험과 예의범절을 배울 수 있는 것이다.

종학당 초대 교장(校長)에 임명된 윤증

종학당에는 밥상머리 교육을 시작한 윤명재의 어릴 적 자질을 보여주는 일화가 몇 가지 전해내려온다. 7세 무렵, 명재의 할머니인 성씨(成氏) 부인(우계 성혼의 딸)은 손자들에게 가묘(家廟)에 참배하도록 했다. 참배가 끝나자 다른 손자들은 웃고 떠들어 댔지만, 윤증은 두 손을 단정히 모으고 태도를 바꾸지 않았다. 성씨 부인은 남편 윤황에게 "이 아이는 특별하다"고 말했다.

10세 무렵에는 『영지주(詠蜘蟵) : 거미를 읊다』라는 시를 지었는데, 의정부 좌의정을 지낸 풍양조씨 조익(趙翼, 1579-1655)은 그 시를 보고 "이 아이가 뜻을 채워나가면 어짊을 다 쓸 수 없을 것"이라 했다.

> 지주결망고(蜘蛛結網罟) 거미가 매달려 그물을 치니
> 횡절하여상(橫截下與上) 가로지른 다음에 위아래로,
> 위어청정자(爲語蜻蜓子) 잠자리에게 부탁한다.
> 신물첨전향(愼勿簷前向) 조심해 처마 밑에 가지 말기를
>
> - 『영지주(詠蜘蛛) : 거미를 읊다』 시 中 -

 종학당의 초대 교장으로 자녀 교육을 시작한 명재의 밥상머리 교육 덕분인지 종학당 출신 인물 중 문과 급제자가 42명이나 된다. 23세손 팔송공 윤황(尹煌, 호는 팔송(八松), 벼슬이 성균관의 수장 정3품 대사성에 이르렀으며 글씨를 잘 썼음)을 시작으로 윤진(尹搢)은 문과에 장원급제했고, 무과급제자가 32명 사마시(司馬試, 생원 진사) 및 석학은 수십 명이 이곳에서 배출되었다. 시호(諡號)를 받은 사람이 9명, 정2품 판서(장관)가 6명, 서울시장(한성판윤)이 4명, 국가원로회의(기로소)에 입회한 사람이 4명이다. 특히 임금 앞에서 강론하던 경연관(經筵官)이 윤선거(효종), 윤원거(현종), 윤순거(현종), 윤봉구(영조)로 4명이나 배출되었다. 경연관은 임금의 학문 지도와 치도 강론을 위하여 설치한 관직으로 주로 홍문관 예문관 소속의 인품과 학문이 탁월한 문관으로 겸직시켰다. 왕조시대에 가장 명예로운 벼슬로 고위직으로 나아갈 수 있는 특별대우의 청환직(淸宦職)이었다. 이외에 영의정에 추증된 사람만 4명, 정1품 정승을 제수받은 사람이 명재와 윤동도 등 2명이다. 실제로 나의 친

인척이 많은 공주 계룡면, 논산 탄천면과 노성면 일대의 각 가문들과 파평윤씨는 통혼을 많이 한 관계로 윤씨 종인(宗人)들과의 인척 관계가 많았고, 자연스럽게 파평윤씨들의 유전자 기질을 대략 알 수 있었다.

　조선때 왕비를 가장 많이 배출한 집안이 파평윤씨, 청주한씨, 여흥민씨, 경주김씨들인데, 파평윤씨 남성들은 남 앞에 나서기를 꺼려 하는 경향이 많았다. 반면 여성들은 외향적 성향이 강하고, 사회생활에서도 일가(一家)를 이룰 정도의 활발함이 돋보였다. 그래서 조선 때 문정왕후, 장경왕후, 정현왕후, 정희왕후, 폐비윤씨(연산군 어머니) 등 5명의 왕비가 배출되었나 싶다. 파평윤씨 종인(宗人) 윤석문(광석면 거주)과 윤여신 노성면 병사리 이장(里長)은 "파평윤씨는 선조들의 충의 사상이 대단해서 애국지사가 많고, 시골에서 후학을 가르치시면서도 공정함과 나눔 정신에 따라 임금에게 상소를 올려 바른말을 많이 했다"며 흉년이 들었을 때 어려운 사람들이 곡식을 가져가도록 곡식을 쌓아두는 의창(義倉)도 운영했음을 근거로 애국, 나눔 정신이 가문의 내력이라며 큰 자랑으로 여겼다. 윤돈의 아들 윤창세는 임진왜란 때 의병장이었고, 셋째 아들 운전은 병자호란 때 순국하는 등 노블레스 오블리제(noblesse oblige) 정신을 실천해온 셈이다.

　20대 대통령에 당선된 윤석열도 이곳 출신 팔송공 윤황의 12세손으로 알려지자, 전국에서 이곳을 찾는 이가 최근 크게 늘었다. 수도권에 있는 여행사 직원들도 찾아와 대통령 배출을 계기로 이곳 윤씨 문중 문화유산을 관광상품으로 개발하기 위한 방문이 줄을 잇고 있다. 21세기의 현대 교육 도장에서 공부하는 학생, 학부모와 같이 이 지역 문화재에 대한 활용방안을 생각해 볼 필요가 있다. 훌륭한 인물이 많이 배출되었기에 이 종학당(宗學堂)을 현대판 특목교라 할 수 있다.

문과 급제자란 대과 급제자를 말한다. 한 집안의 사립학교인 종학당에서 오늘날의 고시 합격자가 42명이나 배출되었다는 것은 기록이다. 종학당의 '정수루' 기둥에는 졸업생들이 대과 합격 후 모교를 방문하여 적어 놓은 낙서들이 지금까지 전해진다고 한다. '등과후 초상루' '인걸재재' '남풍만포' 등이다. 그러면 종학당에서는 누가 무엇을 어떻게 공부했을까?
 종인 중에 재주가 있고 학문에 깊은 사람을 스승으로 삼고, 자제 중에 글의 의미를 잘 터득한 자를 장으로 자제를 가르치게 했다고 한다. 책은 오경, 사서, 주자가례, 소학, 심경, 근사록 등을 비치했으며, 학생에게는 매월 쌀 6말을 내게 하고 장학제도도 있었다고 한다. 독서의 순서는 율곡 선생이 가르치시던 법에 따라 소학을 가르치고 차차 대학, 논어, 맹자, 시경, 서경 등으로 나가는 순서를 밟았다.
 강의가 끝나면 바른 행실, 중요한 일, 가정을 다스리는 일, 재화를 유리하게 운용하는 일, 종회의 예법 등에 대해 토의하는 시간을 가졌다. 매일 스승과 당장은 아침 일찍 기상하여 의관을 정제하고 자제들을 인솔하여 선조 산소를 향하여 재배하고 공부를 시작했다고 한다.
 대청마루 위에는 학생들이 지켜야 할 생활지침들이 편액에 적혀 있었다. 생활지침을 보면 하루에 할 일, 밤에 잠자는 것, 몸가짐의 방법, 하지 말아야 할 네 가지, 독서의 방법들이 작은 글씨로 새겨져 있다. 모두 윤증의 글씨다. 종학당에서 중등과정을 마치면 위로 올라갔다. '오가백록'이라는 현판이 걸린 백록당에서 대학과정을 밟는다.

오가백록은 우리집이 백록이라는 뜻인데 중국 주자의 서원이 '백록동서원'인 데서 연유하였다. 학문의 본향을 자부하는 문구가 바로 오가백록인 것이다. 특히 이곳에서는 수준별 수업을 했다고 한다.

출처 : 호남교육신문, 안용호<2010.9.15.>

호서지방의 대표적 반가(班家) 윤증(尹拯) 고택(古宅)

윤증(尹拯)의 고택(古宅)이 있는 논산 노성면 교촌리라는 지명(地名)도 이곳에 공자와 선현을 모시는 노강서원과 궐리사(闕里祠)가 있어 유래된 지명(地名)이다. 교촌리는 조선의 정치 및 학계의 중심 인물들이 많이 모여 살던 곳이다. 세칭 '충청도는 양반(兩班)의 본향(本鄕)'으로 통한다.

윤증 고택은 윤증의 생전인 1709년에 지어졌고 호서지방의 전형적인 양반 가옥이다. 고택은 배산(背山)을 노성산이라는 인문지리적 이해와 안채와 사랑채의 과학적 배치는 명재고택에서만 볼 수 있는 옛 선조의 건축적 지혜가 담겨있다. 안채와 사랑채를 비껴서 배치하여 바람과

호서지방 대표적 반가 윤증(尹拯) 고택(古宅)

비 햇빛 등 자연현상에 대비한 것은 주생활공간의 세련된 지혜이다. 여름에는 시원하고 겨울에는 온기를 품는 전형적인 한옥으로 지어졌다. 파평 윤씨 노종파 문중은 이곳 윤증고택에서 치르는 차례상의 크기가 작고 차림이 매우 검소한 걸로 유명하기도 하다.

 공주대학교 이해준 교수는 연구 논문(대표적 양반가문 파평윤씨 가)에서 충청도 양반의 본향이 특히 노성 공주라는 이유에 대해 설명하고 있다. "노성과 인근 공주는 조선 때 기호학파의 학계 및 정치의 중심 인물들이 많이 모여 살던 곳으로 그 중심 가문이 파평윤씨였다. 인근에는 호서지역 양반들의 유교문화를 빠짐없이 접할 수 있는 문화유적이 있다. 또한 후학들의 정신문화와 유교적 사회 이념을 실천했던 역사가 쟁쟁한 곳이다"라 하였다.

실제로 조선 때 기호학파(畿湖學派)의 중심인물 대부분이 충청도 출신이었다. 노성과 연산지역은 조선 중기 예학(禮學)의 대가(大家)로 꼽히는 광산김씨 사계 김장생(金長生, 1548~1631)과 신독재(愼獨齋) 김집(金集, 1574~1656) 부자(父子)의 제자였던 우암 송시열과 윤증, 초려 이유태(경주이씨)를 비롯한 수많은 사림(士林)을 배출했다.

어느 지역이나 양반이 있지만, 특히 충청도가 양반의 고장이라 인식되어진 것은 기호학파 중심인물들의 활동지역이기 때문이다. 말이 대체로 느리고 간단하여 점잖게 보이기에 그렇다고도 한다. "개고기 먹을 줄 알어?"를 "개~혀?", "잠깐 실례하겠습니다"를 "좀 봐~유", "나랑 춤출래?"를 "출텨?", "어서 오십시오"를 "어여 와유"하는 식이다. 양반인지라 갑자기 소나기가 내려도 양반 체면에 뛰지 않는다고 했다.

충청도 사람의 특징을 말해 주는 잘 알려진 흥미로운 이야기가 있다. 어느 날 한 아버지와 아들이 같이 산에 나무를 하러 갔다. 그런데 산 위에서 큰 돌덩이가 아버지를 향해 빠른 속도로 굴러 내려가고 있었다. 그 모습을 본 아들이 놀라서 소리를 질렀다. "아~부~지~, 돌~굴~러~가 유~~"라고 말도 다 하기도 전에 돌이 가속도가 붙어 아버지를 덮치고 말았다. 그날 그 아버지는 "현고학생부군(顯考學生府君)"이 되었다. 충청도 사람은 알다시피 말투가 느릿느릿한 특징이 있다. 특히 말투 어미(語尾)로 '~~유, ~야, ~여'를 많이 붙이며 말투에 강약이 없어 점잖은 느낌을 준다고 하였다. 또한 충절(忠節)의 고장이 충청도라 하는데 실제로 사육신 창녕성씨 성삼문이 홍성 출신, 조선 때 대표 천문학자로 천상열차분야지도를 제작한 서산류씨 류방택은 서산 출신, 순천박씨 박팽년이 대전 출신, 순천김씨 절제 김종서가 공주 장기(지금은 세종시 편입) 출신, 기묘사화 때의 명현 경주김씨 충암 김정 불천위(不遷位, 신주를 사당에 영구히 모심) 사당이 대청댐 주변, 임진왜란 3대 대첩 명장 구안동 김씨 김시민이 천안 병천 출생, 파평윤씨 윤봉길이 예산, 공주 영명고 출신(이화여고 전학) 고흥류씨 류관순이 천안 출신, 영명고 출신 한양조씨 유석 조병옥 박사도 천안 출신 등 이들의 비문에 새겨진 행장(行狀, 행적을 쓴 글)을 볼 때 이들 역사적 인물들이 충청도 태생이라 충절의 고장이라 하는 것 같다. 윤증 고택은 이러한 충청도 양반의 성향을 반영한 반가라 할 수 있다. 윤증 고택이라 했지만 매우 검소한 생활을 했던 윤증은 이 집이 자신에 맞지 않는다고 하여 이곳에 거주하지 않고 유봉초가에서 살았다.

특목교 종학당

종학당은 윤증의 숙부인 동토(1596-1668)가 1618년에 세웠다. 종학당의 학문적 지도는 동생인 미촌 윤선거가 담당하였다. 그 후 미촌의 아들인 윤증이 맡으면서 종학당은 더욱 기반을 튼튼하게 갖추었다. 윤증은 병자호란때 강화도에서 어머니가 자결하는 것을 보고 "어머니 한 분도 지키지 못한 주제에 어떻게 나라를 지키겠는가"라고 하며 평생을 학문에만 열중하였다. 또한 선영이 내려다 보이는 병사리 언덕에서 후학양성에만 전념하였다. 그의 학문이 높고 깨끗하다고 온 나라에 퍼지자 숙종은 정승 벼슬을 내리고 출사를 종용했지만 그는 나아가지 않았다. 한 번도 벼슬을 하지 않고 정승(우의정)에 올랐다고 해서 사람들은 그를 백의정승(白衣政丞)이라 불렀다. 윤증은 벼슬길에 오르지 않았다하여 묘비에 '착한 선비'라고만 쓰도록 일렀다. 윤증 묘 앞 비석에는 '조선의 징사(徵士) 윤증'으로 징사(徵士)는 '부름을 받았던 선비'라고 적혀 있다. 종학당을 만들어 후손들을 교육시킨 윤씨 집안의 교육에서 오늘날 우리가 처한 교육의 문제점을 풀 수 있는 단서를 발견할 수 있을 것 같다. 이러한 점에서 파평윤씨 종학당은 조선시대의 특목교라 할 수 있다.

  명재 윤증의 묘는 산중턱에 있어 어른들의 눈을 피해 1960~70년대 초 동네친구들 하고 자치기하고 놀기에 아주 좋은 장소였다. 망주석과 묘갈명에 누가 먼저 올라가는지 내기도 했고, 고등학교 때는 친구들과 상석에 올라앉아 어른들 몰래 술을 나눠 마시던 추억의 장소였다. 묘비명(墓碑銘)을 보면, "유명 조선 징사(徵士) 파평윤공 휘 증 지묘"라 되어 있다.
  징사(徵士)는 학식과 덕행(德行), 절행(節行)이 뛰어난 초야의 선비를 천거하는 인재 등용책인 유일(遺逸)로 천거(薦擧)되어 조정에 나오는 선비를 말한다. 대대로 왕조시대에는 징사를 영접하여 나라 다스리는 도(道)를 물었다고 한다. 실제로 당시 조정의 대간(臺諫, 감찰 임무를 맡은 대관과 왕에 대한 간쟁 임무를 맡은 간관)과 사림(士林, 조선 중기에 정치와 사회를 주도한 세력)들은 임금에게 "명재를 인견(引見, 임금이 불러 들여 만나봄)하여 다스리는 도(道)를 물으소서"하였다고 전한다.

공주 계룡면 향지리에 위치한 명재 윤증 묘소의 봉분 앞 묘비명(墓碑銘)에는 임금이 제수했던 20여개 의 관직이 있었음에도 비석 앞뒤 옆면 어디에도 전혀 그 기록이 없다. 윤증은 유언으로 묘비를 세우지 말라 했다. 그러나 후손과 후학들은 고민했다. 일체의 제수(除授,추천절차를 밟지 않고 임금이 직접 벼슬 내림)되었던 관직을 비문(碑文)에 새기지 않는 대신, 앞면 하단에 "노서(윤선거) 선생 묘에서 석호(큰아버지 윤문거) 선생께서 쓰신 13자를 따서 옮겼다"고 쓰여 있다. 윤증의 아버지 윤선거 묘비에서 13자(字)를 가져왔다는 뜻이다. <노서선생(魯西先生) 묘표(墓表) 내(乃) 석호(石湖)선생 필(筆)이(而)석면(石面) 십삼자(十三字) 무리동근(無異同謹)....>

이 비명(碑銘)을 보면 주자학이 지배하던 조선 사회에서 당쟁이 격화된 조선 후기에는 주자(朱子)의 유교 경전 해석을 따르지 않는 사람을 비판 매도하는 용어로 사용되던 사문난적(斯文亂賊)을 무릅쓰고 소수 의견을 제시하여 소론의 영수로 추앙받은 윤명재였다. 그러나 묘비명은 묘비 주인공의 뜻과 무관하게, 조선의 한계를 내포하고 있다. 결국 대명(待明) 사대를 벗어나지는 못했다.

이 묘비도 여느 묘비와 마찬가지로 "유명(有明, 명나라가 있기에) 조선(朝鮮, 조선이 있다)"으로 시작한다. 더구나 그때는 청나라 때인데도 "유명"이라 했다. 얼마 전 미국 트럼프와 중국 습근평(習近平)의 정상회담 때 한국이 중국의 일부였다고 습근평은 망발을 했다. 따지고 보면, "흠정만주원류고(欽定滿洲源流考, 청의 6대 황제 건륭제 때 편찬된 역사 서적)"에 중국 대금국(大金國)의 시조 함보는 신라 왕성(王姓)인 금(金)을 국호로 삼았다고 하였다. 금나라 후손임을 자처하여 1616년에 후금(청)을 세운 청태조 누루하치 이후 1912년 마지막 황제 푸이까지 황제의 성(姓)이 "애신각라(愛新覺羅, 신라를 사랑하고 깨달아라)"였다. 한족의 후예라 자처한 명나라를 멸망시킨 나라가 신라 경주김씨 후손 청나라였음을 중국의 정사(正史)가 말해주고 있는 것이다.

대금국(大金國)의 시조 함보는 설악산 인제에서 고려 왕건에 항려(抗麗)한 마의태자(경순왕의 장자)의 후손으로 신라 출신이다. 경주김씨와 같은 뿌리인 것이다. 습근평의 중국은 거슬러 올라가면 한국인이 세운 나라이다. 실제로 명청 교체기에 후금에 끝까지 투항하지 않고 싸운 한족(漢族)의 후예 명나라에는 청나라가 철저하게 군신(君臣) 관계를 요구했다. 그러나 조선에게는 역사적 사실을 바탕으로 형제의 연(緣)을 요구했다. 우리는 지금의 중국이 한국인에 의해 세워진 나라임을 주장해야 제대로 된 역사 인식일 것이다. 중국의 역사왜곡 동북공정(東北工程)의 근거를 이렇듯 우리 스스로 지금도 금석문의 기록을 통해 중국에 제공하고 있는 것이다.

모든 가문의 인물기록이 모아져 그 나라의 국사(國史)가 된다. 비명(碑銘)은 현대에 새로 세운것인데 후손들이 다시 세울때는 유명(有明)이란 단어를 뺏어야 했다. 지난 22년 동안 확인된 전국에 산재(散在)한 수

많은 조선의 유명인물 묘비 중 숙종의 장인 경주김씨 경은부원군 김주신(고양시 덕양구 대자동 산 26-1)의 묘비명(墓碑銘)은 유명을 뺐다. 역사 기술(記述)은 "술이부작(術而不作, 그대로 기술하라. 창작하지 마라)"하라 했다. 역사는 새로 쓰는 현재사(現在史)이다.

윤증(尹拯, 시호 문성)은 17~18세기 정치사에서 중요한 위치를 차지하는 인물이다. 각종 기록을 참고해 보면, 윤증의 스승이었던 우암은 관직에 나아갔지만, 제자였던 명재는 충청도 니성(尼城, 노성)에 머물며 조선에서의 사관(仕官)을 거부하고 평생 벼슬을 하지 않은 산림(山林)의 전형이었다.

병자호란 때 강화성이 청군에 함락되자 신안동김씨 상신(相臣, 의정부의 정1품 정승) 김상용이 자폭하고 서포 김만중의 아버지 광산김씨 김익겸 등과 많은 관원들이 이때 죽었다. 또한 부녀자들은 청군의 난행(亂行)을 피해 목숨을 끊어 정절(貞節)을 지켰다. 청풍김씨 김류의 아내와 청주한씨 서평 부원군 한준겸의 아내, 연안이씨 연릉 부원군 이호민의 아내 등이 죽음을 택했다.

공주 계룡면 향지리 윤명재 묘소와 비명(碑銘)

101

윤증의 어머니 공주이씨도 이때 죽음을 택했다. 그러나 아버지 윤선거는 변장을 하고 성 밖으로 탈출했다. 이를 기리는 어머니 공주이씨 정려각(旌閭閣)이 윤증 고택 입구에 세워져 있다. 윤증의 아버지 윤선거(尹宣擧)와 송시열은 광산김씨 사계(沙溪) 김장생(金長生) 문하에서 동문 수학한 친구였다. 역시 친구 사이였던 송시열과 남원윤씨(파평윤씨와 합함) 윤휴(尹鑴)가 현종때 예송(禮訟)으로 불화를 빚자 윤선거는 그들을 화해시키려다 송시열의 불만을 샀다. 1669년(현종 10년) 아버지 윤선거가 사망하자 아들 윤증이 스승 송시열을 찾아 묘비명(墓碑銘)을 부탁하였다. 송시열은 윤선거가 병자호란 때 강화도에서 죽지 않은 일(즉 아내와 친구는 죽고 본인만 왕족 진원군을 좇아 성을 탈출한 사건)을 비난하였다. 묘비명을 짓되 자기는 윤선거에 대해 잘 모르므로 오직 박세채의 행장(行壯)에 의해 말할 뿐이라 했다. 이에 윤증은 죽은 이에 대한 정리(情理)가 아니라며 문구의 수정을 청했으나 우암은 거절했다.

 이 일로 사제지간이었던 두 사람의 관계는 멀어지게 된다. 두 사람의 갈등 원인은 아버지 윤선거의 묘비명뿐만이 아니라 당시 최고의 석학으로 평가받던 남원윤씨 남인(南人) 윤휴에 대한 평가를 두고 윤증의 아버지 윤선거와 송시열 사이에 의견이 달랐기 때문이다. 1684년(숙종 10년) 4월, 최신(崔愼, 호는 학암(鶴庵), 시호는 문간(文簡). 송시열(宋時烈)의 문하에 들어가 배우고 학식이 뛰어난 고제(高弟)가 됨)이 윤증을 스승을 배반한 죄로 고발하여 대대적인 정치적 분쟁이 야기되었다. 윤증의 제자였던 안정라씨 라양좌(羅良佐)와 친구 반남박씨 박세채(朴世采) 등은 그를 옹호하였다. 송시열의 제자들과 조정의 대신들은 윤증을 비판하였다. 사제지간이던 두 사람의 관계가 회니시비 등의 갈등으로 집권세력이던 서인(西人)이 노론(老論)과 소론(少論)으로 갈라서게 되었다. 명재는 송시열과 절교한 후 소론의 영수(領袖)가 된다.

 역사가 인간이 살아온 이야기라고 할 때 역사는 첫 번째는 기록과 흔적으로 남겨져 있는 역사이다. 두 번째는 기록을 근거로 역사학자가 재구성한 탐구의 결과물이다. 셋째는 과거에 있었던 사건 사고 그 자체라고 학자들은 정의한다. 역사를 보는 시각은 개인마다 다양하기에 일률적으로 현상을 정의내릴 수 없다. 윤증과 우암 송시열과 관련해 전해 내려오는 역사적 사실은 이미 수많은 논문과 언론의 심층취재를 등을 통해 잘 알려져 있기도 하다. 우암과 명재의 갈등에 대해 그 당부(當否)를 가리는 것은 에세이라는 문학 양식을 통해 표현방법을 배우고 있는 지금의 나의 능력을 크게 벗어나는 일이다.

김진우

언론사 노조위원장으로 사회생활을 시작했고, 정당(政黨)의 당보기자를 하면서 전국의 유세현장 스케치 겸 주변의 문화재를 취재한 경험을 살려, 뿌리역사 바로 알리기 위한 단체 사단법인 뿌리문화와 법인 한국성씨연구소를 설립하여 14년째 운영 중이다. "달빛을 받으면 신화가 되고, 햇볕을 받으면 역사가 된다"는 어느 작가의 표현에 공감하여 우리나라 286개 가문의 유명 인물 묘비인 금석문 행장(行狀) 해석을 통한 역사적 인물의 바로알기 작업을 하고 있다.
sewoora@naver.com

朝鮮大田薪堤公園

소제방죽 도깨비 전설

권판서 나가신다! 길을 비켜라!

　내가 태어나서 살았던 동네는 '방죽안'이라는 마을이었다. 주변은 높지 않은 야산이 방죽을 에워싸고 주변은 논으로 이루어진 농촌풍경의 마을이었다. 사계절을 통해 시시각각 변하는 호반의 아름다운 풍광 속에서 행복한 유년시절을 보낸 듯하다.

　대전은 삼대 하천이 도심을 흐르는 수변 환경이 좋은 도시이다. 유년기 시절을 회상해보면 원도심에서 조금만 벗어나도 주변에는 논과 같은 습지가 많았다. 어릴 적 논길을 혼자 걸어갈 때 길가에 둠벙(물 웅덩이)이 있으면 물귀신이 물로 당긴다는 이야기가 떠올라 무서운 마음에 잰걸음으로 도망치듯 그 자리를 피하곤 했다.

　저수지 혹은 방죽으로 불리는 곳은 가뭄이 나면 수원이 되기도 하지만 그 자체로 전통 생태연못이기도 했다. 이곳에는 여러 가지 수초와 함께 다양한 수생 식물과 습지 동물이 사는 공간이기도 했다. 쌀방개, 똥방개, 까불이방개(물매미), 소금쟁이 등 볼거리도 많았다. 더운 여름날 아이들은 방죽에서 물고기를 잡거나 멱을 감기도 했다.

　물가에 모여드는 말잠자리(왕잠자리)를 잡기 위해서는 흔한 밀잠자리를 먼저 잡아 무명실에 다리를 묶었다. 그리고 족제비싸리 가지를 하나 꺾어 끝에 매어 채를 만들었다. 다음에는 호박꽃 수술의 꽃가루를 밀잠자리 몸통과 날개에 문질러 노랗게 칠을 했다. 왕잠자리가 날아오면 "어다리, 어다리"하고 외치며 원을 그리면서 채를 돌렸다. 말잠자리가 짝짓기를 위해 밀잠자리에 붙으면 잽싸게 낚아채 손가락 사이에 날개를 끼워 잡아두었다.

커다란 저수지인 방죽은 풍광이 아름다워 사람들이 자주 찾는 곳이기도 했다. 긴 방죽 둑 끝에 서면 바람에 이는 수면의 잔물결과 함께 풍겨오는 비릿한 해캄 냄새가 아직도 코끝에 맴도는 듯하다. 장마철 물이 불어나면 방죽의 수면 위를 낮게 날며 벌레를 잡는 제비들의 날갯짓이 멋져 보였다.

대전에는 이름있는 큰 방죽들이 많았다. 홍도동의 잔다리방죽, 대흥동의 테미방죽, 소제동의 개나리방죽(소제방죽) 등이다. 지금은 다 사라져서 이름마저 희미하여 아는 이들도 드물다. 대전역 동편 카페촌으로 알려진 소제동 철도 동관사촌은 대전에서 가장 큰 방죽인 소제방죽이 있었던 곳이다. 호반에는 삼매당팔경으로 유명한 박계립의 삼매당과 우암 송시열이 거처했던 기국정이 있었다. 주변에는 버드나무가 줄지어 서 있고 연꽃이 만발한 중국의 항주의 서호에 버금가는 호수였다.

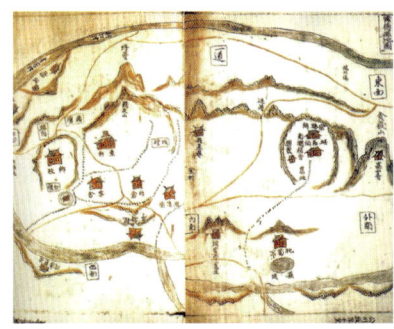 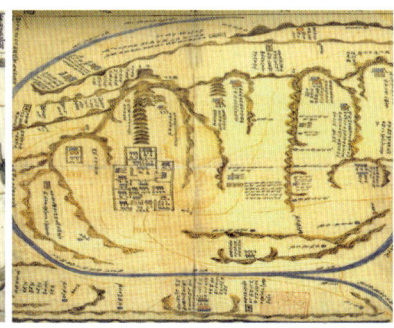

1786년 회덕현지도(충청도읍지)   회덕현지도(해동지도) 18세기

107

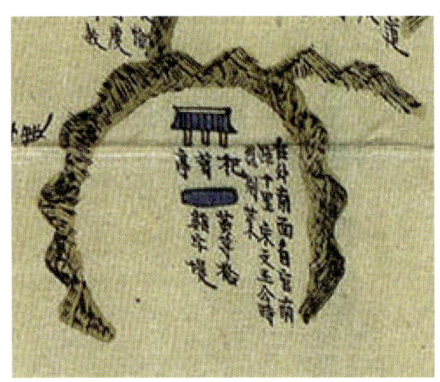

회덕현 소제호(해동지도)

  소제방죽은 두 가지 전설이 전해져 온다. 하나는 흔히 알고 있는 장자못(長者못) 전설로 스님과 인심이 고약한 부자 영감과 며느리가 등장하는 것이고, 다른 하나는 우리 지역에서 전하여 내려오는 소제방죽 도깨비 전설이다. 소제방죽 도깨비 전설은 어릴 때 할아버지로부터 들었던 이야기인데 이 전설을 모르는 사람들이 많은 듯해서 소개하고자 한다.

  우암의 외손인 조선 영조 때 호조판서를 지낸 유회당 권이진이 어려서 숫방(탄방)이에서 외가인 소제로 놀러 왔을 때이다. 우암이 어린 유회당에게 걱정하는 소리를 하자 이에 마음이 상한 유회당이 혼자 늦은 저녁에 숫방이 집으로 간다고 집을 나선 것이다. 우암은 걱정이 되어 하인들을 뒤쫓아 가보게 하였다. 한참 후에 하인들이 돌아오자 우암께서 어찌 되었나 하인들에 물어보았다. 하인들은 어린 권이진이 집을 나서자 소제방죽 도깨비들이 횃불을 들고 튀어나와서 가마에 어린 유회당을 모시고 '권판서 나가신다. 길을 비켜라' 하며 숫방이 집에까지 모셨다고 하니, 우암이 "정승이 아니고 판서더냐?" 라고 했다는 이야기가 전해진다.

이렇듯 도깨비 전설로 나에게 다가온 소제호는 실체가 없었다. 심지어 대전 토박이이신 아버지께서도 어렸을 때 소제호를 직접 본 기억이 없으셨다고 했다. 그러던 중 2000년대 초 대전광역시 시정 월간지인 '잇츠 대전'에 소제호에 관한 글과 사진이 실린 것을 발견했다. 전설 속에 감추어졌던 소제호의 실제 모습이 사진으로 나타난 것을 보고 땅속에 숨어 있던 엄청난 보물이라도 찾은 듯 마음이 설레었다.

소제호의 풍광. 일제강점기 사진엽서(출처 : 대전광역시)

사라진 소제방죽의 도깨비들

대전은 도시가 열리기 이전에는 대전천변의 한촌에 불과했다. 일제강점기 대전에 거주했던 일본인 다나카 이치노스케가 1917년 편찬한 「조선대전발전지」에는 "대전은 잡초가 무성한 들판과 강가의 모래밭을 매립하여 만든 땅이며 주위가 산으로 둘러쌓여 있는 낮은 지형이다"라고 서술하였다. 이렇게 작고 한적한 작은 촌락에 불과하던 대전이 어떻게 큰 도시로 발전하였을까?

대전은 경부선의 철도의 부설로 인해 본격적인 발전이 이루어졌으며 호남선의 통과 역시 대전의 발전을 촉진하는 계기가 되었다. 당시 철도는 일제의 조선과 만주 식민정책의 근간이 되는 속성사업이었으며 또한 도시화와 근대화를 이끄는 동력이었다. 철도의 통과로 교통의 중심지이자 교차지가 된 대전은 인구가 집중했으며 특히 일본인의 이주 및 정착 속도가 빠르게 이뤄졌다. 처음 대전역의 준공은 1904년 6월이었고 실제 개통일은 1905년 5월 25일이었다.

삼매당(대전시 문화재자료 제1호)

대전역 동편에는 소제동 마을이 있다. 이 소제동 마을에는 지역사람들 에게는 개나리방죽으로 불리는 소제방죽이 있었던 곳이다. '소제(蘇堤)'라는 이름은 중국 항주의 서호 소제(蘇堤)와 견줄 수 있는 풍광이 아름다워 붙여진 이름이라고 한다. 전통시대에 이 방죽은 호반에 버드나무와 연꽃이 만발하여 아름답기로 유명했다. 연원도 찰방을 지낸 박계립(1600~1671)의 삼매당(三梅堂)과 조선시대 명유 우암 송시열(1607~1689)의 기국정(杞菊亭)이 호반에 자리해서 그 명성을 더 했다.

경관도 경관이지만 그 크기 또한 상당했다. 「회덕읍지懷德邑誌」에는 소제호의 둘레가 2,618자(793m), 깊이는 5자(1.5m)였다고 기록되어 있다. 면적으로 계산하면 약 39,335m 축구장 5개 반 정도의 크기이다. 또 「조선환여승람朝鮮寰輿勝覽」에는 "소제의 물은 깊고 거기서 나는 고채(苦菜)는 맛이 아주 좋다"라고 소개되어 있기도 하다. 이처럼 여러 지리지들은 물론 조선시대의 고지도에도 소제호는 거의 빠지지 않고 등장한다. 지금으로 치면 지역을 대표하는 거대한 랜드마크였던 셈이다.

출처 : 대전의 마지막 철도마을 소제동(2020 대전문화재단)

이렇듯 오랫동안 전통 마을의 모습을 간직하고 있던 소제동은 경부선 철도 개통 이후 큰 변화의 과정을 겪게 된다. 처음 역이 세워질 때 일본인의 수는 불과 188명에 지나지 않았다. 5년 뒤인 1909년에는 대전역 일대는 완전히 일본인 촌이 형성되어 그 인구는 무려 2,500명에 이르렀다. 대전역 인근에는 일본인 철도 노동자들이 대거 유입되면서 노동자들의 관사도 설립되기 시작했다.

소제호의 아름다운 경치 _ 출처 : 대전의 마지막 철도마을 소제동(2020 대전문화재단)

1907년 소제호가 있는 뒷산인 소제산에 일본인들은 그 경치를 이용해 대전 최초의 근대식 공원인 소제공원을 만들었다. 또한 우암의 사당이 있는 뒷산에 '태신궁(太神宮)'이 세워졌고, 1920년대부터는 소제호 주변에 철도관사촌이 들어섰다. 1927년에는 대전천과 지천의 범람으로 피해를 겪게 되자, 소제호를 매립하고 새로이 대동천을 뚫어 소제호 주변의 경관은 전통시대와는 크게 다른 모습으로 변해갔다.

대전은 경부선 철도가 지나면서 근대적 도심이 생성되었다. 그러나 지역의 전통마을의 해체와 전통 경관의 훼손 또한 피하지 못했다. 그 해체된 터전에 세워진 것이 오늘날 대전의 소제동 철도 동관사 지역이다. 소제호가 있었던 소제동은 전통시대부터 근대와 현대에 이르기까지 변해 온 도시의 아픈 역사를 간직하고 있는 상징적 공간이 되었다.

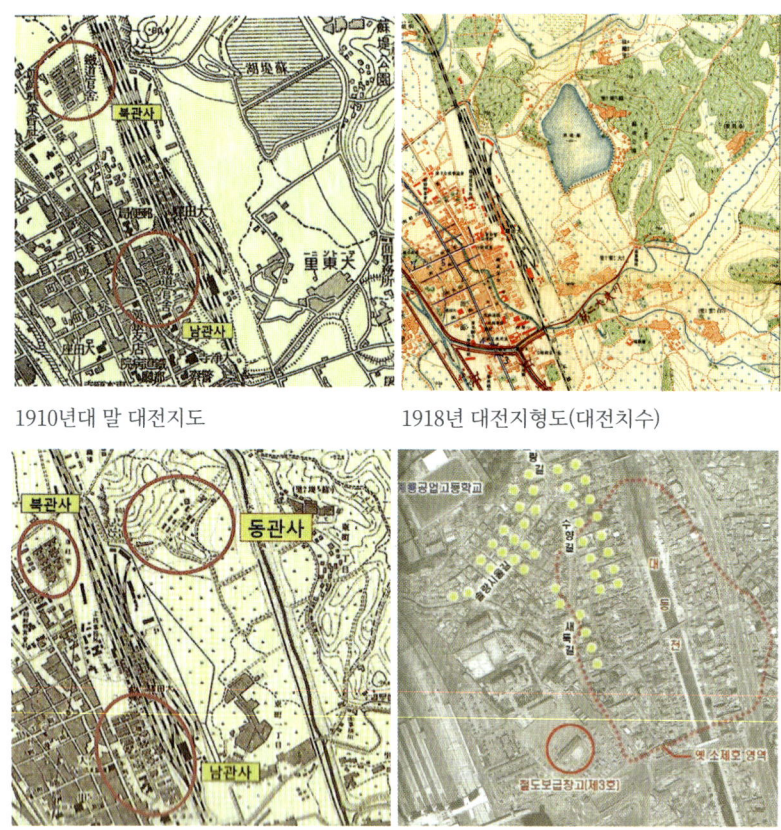

1910년대 말 대전지도

1918년 대전지형도(대전치수)

1928년 대전지도

대전의 철도문화유산(2015) 인용

소제동에 가면 소제호가 보인다

"회덕 고모님 친정 오셨다 며칠을 묵었다 집으로 가실 때, 바리바리 싼 짐 보따리를 소제 날망이 넘어 능청다리까지 배웅하며 들어다 드리고 왔다"고 어머니께서는 종종 말씀하셨다. 소제동 소제산 날망이(산등성이)는 알겠는데, '능청다리'는 아마 현재 대동천 철갑교 근처에 대동천을 건너기 위해 설치한 임시가교를 말씀하신 듯하다. 1970년대까지도 대동천에는 공사장에서 사용하는 둥근 구멍이 나 있는 긴 철판에 널빤지를 깔고 동아줄로 매어놓은 다리가 있었다. 소제동에는 소제산 고개를 넘어 장원약국 앞에 초가집인 작은 점방(구멍가게)이 하나 있었다. 점방 앞 들마루 옆에는 오래된 버드나무 한 그루가 서 있었다. 그 앞 들마루에서는 동네 어르신들이 한가로이 모여 잡담을 나누고 대낮부터 막걸리 잔을 기울이시던 곳이었다. 소제동 마을 빈 터에는 가끔 약장수들이 와서 커다란 천막을 치고 이름도 모르는 극단의 서커스와 차력 쇼를 무료로 선보이며 회충약 등 물건을 파는 곳으로 기억에 남아 있다. 소제산에는 게딱지 같은 집들이 옹기종기 모여 있고 작은 골목들이 미로처럼 얽혀있는 달동네의 전형이었다.

 대동천이 일제강점기 소제호가 매몰되고 새로 운하처럼 뚫린 하천이란 것을 알았을 때 무척 충격을 받았다. 대동천이 자연 하천치고는 너무 직선에 가까워 이상한 생각이 들었다. 그러나 누구도 그 사실을 말해 주는 사람이 없었다. 그러던 중 지역 답사 때 송백헌(1935~2021) 교수님을 통해서 대동천이 대전의 근대도시화 과정에서 소제호를 메꾸고 새로

이 만들어진 하천이라는 사실을 알았다. 그동안 묵었던 궁금증이 확 풀리는 계기가 되었던 순간이었다.

대전광역시 근현대전시관의 자료와 소제호 현장을 찾아보며 소제동에 전통시대의 마을과 이야기 등 그간 잊히고 감추어진 부분을 하나씩 확인할 수 있었다. 지금도 소제동 인근의 높은 건물에 올라서 주변을 내려다보면 소제호의 윤곽을 확인할 수 있다. 1920년대 당시의 인력에 의존한 토목공사로 소제호의 매립이 완전하지 않았기 때문이다. 그래서 소제호 터의 형태가 현재에도 주변보다 낮은 지형으로 나타난다. 그리고 소제호의 뚝방이 현재 골목길로 그대로 남아 사용되고 있다는 것 또한 신기한 일이기도 했다.

마음이 가면 안 보이던 것도 보이기 시작한다. 소제동의 흔적들에 관심을 가지자 숨어있던 소제호의 흔적들이 하나, 둘씩 보이기 시작하였다. 소제호에 먼저 세워졌던 별당은 연원도 찰방였던 박계립이 지은 삼매당이다. 그러나 읍지에는 기록이 되었던 삼매당이 18세기 회덕현 고지도에는 나타나지 않는다. 그 당시 지도를 제작한 사람들의 의도로 보인다. 삼매당은 박계립이 회남 가양리 소제호반 옆에 집을 짓고 뜰에 매화 세 그루를 심어 놓고 지은 이름이다. 그의 손자 박첨추가 우암 선생에게 부탁하여 1684년(갑자년) 3월에 우암이 77세 되던 해에 쓴 시가 삼매당 팔경으로 전한다.

이 팔경 시로 위치를 추정하면 가양동으로 옮겨 가기 전의 삼매당의 원래 터도 찾을 법하다. 대전 대성여·중고에서 계룡디지텍고등학교로

계악숙운(계족산에 잠긴 구름)   용산낙조(계룡산에 물들은 노을)

소제채연(소제호에 연캐는 풍경)   명평삽앙(명평에 모심는 풍경)

석촌취연(석촌에 밥짓는 연기)   갑천어화(갑천에 고기잡는 햇불)

화암효종(화암의 새벽종소리)   금암만적(금암에서 부는 저녁피리소리)

- 우암 송시열이 쓴 삼매당팔경 -

이어지는 능선상의 가제교 근처로 추정된다. 장원약국 근처의 버드나무 슈퍼의 이름도 소제호의 흔적을 알리는 중요한 지점이다. 1970년대까지도 소제호 뚝방의 버드나무가 실재했었다. 장원약국 앞 초가집 작은 점방 앞 오래된 소제호 뚝방의 버드나무는 사라지고 대신 그 자리에는 은행나무가 심어있다. 그 점방은 근대식 건물로 탈바꿈하고 가게의 이름은 그 버드나무를 기억하여 버드나무 슈퍼란 이름을 갖게 되었다. 소제동에 가면 소제호가 보인다. 아스라이 그 흔적들이 보이기 시작한다.

 지금 대전 원도심 핫플레이스로 떠오른 소제동의 철도관사촌은 유명한 카페촌으로 알려져 있다. 이곳은 원래 대전에서 가장 크고 아름다운

전통시대 소제방죽 버드나무 사진과 그 장소에 이름으로 남아있는 버드나무 슈퍼

소제호가 있었던 자리이다. 소제방죽은 예전부터 물 천냥, 물고기 천냥, 개나리 천냥으로 장자못으로 불리어 왔다.

  소제동은 철도관사촌 멋진 카페촌만이 아닌 삼매당 팔경의 멋진 풍광과 조선시대 명유 우암 송시열이 임금 효종과 북벌을 논하던 역사적인 장소이기도 했다. 우암과 그의 외손자 유회당 권이진의 전설인 '소제방죽 도깨비 전설'을 스토리텔링해서 시간과 공간을 뛰어넘어 물과 도깨비불이 어울리는 '도깨비 축제'를 열어 볼 만하다. 그러면 젊은이들이 즐겨 찾는 멋진 카페촌으로 느껴지던 공간이 역사적 장소로 바뀌는 계기가 될 것이다. 그리고 소제호라는 멋진 공간과 그곳에서 살았던 역사적 인물들의 이야기인 도깨비 전설이 부활하여 나올 것이다. 소제호 도깨비를 모티프로 지금은 없어져 대동천 일부로 남겨진 소제호에서 물과 도깨비불의 향연을 펼쳐보길 기대한다.

백남우

대전에서 태어나 지역에서 역사와 문화활동을 하고 있다. 대전 향토사 모임인 엣터를 생각하고 돌아보는 모임과 문화관광해설사로 활동 중이며 대전향토문화연구회의 대표를 맡고 있다. munap@hanmail.net

외로운 충성은 해와 별같이 빛나네
조헌과 칠백의사, 칠백의총 이야기

금산 칠백의총과 금산전투

　우리나라에서 한 고장을 수식하기 위해 흔히 쓰는 표현이 있다. 그 지역의 특산물을 들어 '○○의 고장'이라 부르는 표현이 대표적이다. 유난히 외세의 침략을 많이 받은 우리 역사 때문인지 '충절의 고장'이라는 수식어도 많은 지방에서 쓰고 있다. 당장 포털사이트에서 '충절의 고장' 키워드로 검색만 해 봐도 전국 대부분의 시·군 지역이 리스트에 나온다.

　충청남도 금산군도 '인삼의 고장'답게 인삼을 군의 상징으로 삼고 있지만, 칠백의총이 있는 충절의 고장이라는 점도 지역의 대표적인 정체성으로 자랑하고 있다. 금산 군민헌장에선 '칠백의사의 숭고한 얼을 이어받아' 나라사랑의 정신을 기르자고 말하고, 금산의 노래에서는 '칠백의총 구국의 정기'를 길이 받들자고 노래하고 있다.

　충남 금산군 금성면 의총길 50번지, 대전에서 37번 국도를 따라 금산읍으로 진입하기 직전 금성산의 산자락이 끝나는 곳에 사적 '금산 칠백의총'이 있다. 칠백의총이 있는 곳이라 마을 이름은 '의총리'[1]이고, 칠백의총으로 가는 길이라 진입도로는 '의총길'이라 부른다.

　칠백의총은 임진왜란 당시 의병장 조헌선생과 의승장 영규대사가 이끄는 칠백여명의 의병이 조국강토를 지키기 위해 만오천여 명의 왜적과 싸우다 모두 순절하자 그분들의 유해를 함께 모셔 놓은 곳이다.[2] 칠백의총을 방문하여 이 안내문을 읽었을 때 칠백의사의 숭고한 충절에 숙연함을 느낀 동시에 도대체 왜 20배가 넘는 군세의 적군과 굳이 전투를 벌였을까 하는 궁금증이 일었다.

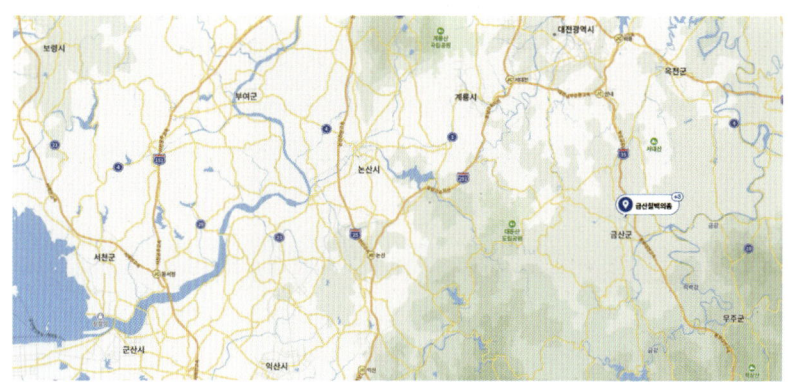
칠백의총 위치(네이버 지도)

  금산전투가 벌어지던 임진왜란 초기의 전황을 대략 살펴보면, 1592년 4월 임진왜란이 발발하자 왜군은 부산에 상륙하여 영남지방을 주요 경로 삼아 세 갈래 길로 조선의 임금이 있는 한양을 향해 그야말로 '파죽지세(破竹之勢)'로 진격했다. 건국 이후 200여 년간 평화의 시기를 지내는 동안 조선의 조정은 국방력 강화에 소홀하였고, 침략의 징후가 있었음에도 일본의 정세를 애써 외면하며 전쟁을 대비하지 않았다. 결국 왜군이 갑자기 침입하자 조선의 관군은 오랜 내전을 통해 실전경험이 풍부하고 최첨단 무기인 조총을 가진 왜군 정예병에 속수무책으로 당할 수밖에 없었다.

  개전 이후 불과 20일 만에 수도 한양이 함락되고, 선조는 도성을 버리고 달아나게 된다. 속전속결로 수도를 함락하고 조선의 임금을 사로잡아 전쟁을 끝내려는 일본의 전략이 예상치 못한 선조의 몽진(蒙塵, 머리에 먼지를 쓴다는 뜻으로 임금이 난리를 피하여 다른 곳으로 옮아감)으

임진왜란 금산지역 전투도(출처 : 칠백의총 안내서)

로 성공하지 못하자, 도요토미는 왜군 장수들에게 조선의 각 도를 분담하여 점령하게 하였다. 1592년 8월은 이렇게 변경된 왜군의 전략에 따라 전라도 지역 공략 임무를 맡은 고바야카의 왜군 부대가 한양에서 충청도 지방으로 군사를 되돌려 내려와 전라도로 들어가는 관문이었던 금산으로 진군, 금산성을 함락한 후 전주를 침략하기 위해 준비 중인 상황이었다.

1592년 8월 1일 청주성 탈환 전투를 승리로 이끌었던 조헌의 의병부대는 피난을 간 선조를 호위하기 위하여 북상하던 중 금산성의 상황을 알게 되고, 왜군의 전라도 지역 침공을 저지하기 위하여 온양에서 부대를 되돌려 금산으로 내려오게 된다. 그 과정에서 관군의 훼방으로 청주성 전투 당시 1,600여 명이던 병력이 700여 명으로 줄어들게 되고[3] 약속했던 관군과의 합동공격마저 이루어지지 않게 되면서[4] 20:1이 넘는 병력의 차이라는 절망적인 상황에서 전투를 치르게 되었다.

1592년 8월 16일, 조헌의 의병부대와 승장 영규대사의 승병은 금산성 10리 밖에 도착하게 된다. 휘하의 승병을 지휘하며 조헌 선생과 함께 참전한 영규대사와 조헌의 참모들은 전세의 불리함을 절감하고 퇴각하여 후일을 도모하자고 권유했으나, 조헌 선생은 "지금 임금이 어디에 계시는가. 임금이 욕을 당하면 신하는 마땅히 죽는 것이니 나는 한 번 죽음이 있음을 알 뿐이다"라고 답하며 전투에 임하였다.

조헌이 병력의 규모, 무장 상태 등 군사력 측면에서는 질 것이 뻔한 전투를 피하지 않고 의병 모두가 전사할 때까지 싸워야 했던 절박한 이유는 무엇이었을까? 조헌은 자신의 신념에 따라 불의한 일이라 판단되면 지부상소(持斧上疏, 받아들여지지 않으면 차라리 도끼로 쳐달라는 의미로 올리는 상소)도 마다하지 않을 정도로 강직한 성품이었다. 그런 조헌에게는 군주를 위협하는 적을 앞에 두고 자신의 안위를 살펴 전투를 피하기보다는 죽음을 각오하고 맞서 싸우는 것이 신하로서 임금에 대한 의리(義理)를 지킬 수 있는 유일한 방법이라 확신했을 것이다. 조헌이 불리한 전투를 피하지 않았던 또 다른 이유는 그 시기에 어떻게든 왜군의 전라도 진출을 막거나 최소한 늦추기라도 해야 한다는 절박한 전략적 판단 때문이었을 것이다. 당시 호남지방은 조선의 처지에서는 불리한 전황을 극복할 수 있는 마지막 보루였고, 왜군으로서는 이순신에 의해 해로가 막혀 보급이 힘든 상황에서 장기전에 대비하여 군량을 확보하기 위한 군수창고와 같았다. 특히 조헌은 1차 금산전투에서 고경명이 패하고 전사한 소식을 들은 후 금산의 왜적을 '뱃속의 질병'처럼 생각하였다. 질병을 제때 치료하지 않으면 나중에 병이 커져 목숨을 잃는 것과 마찬가지로 더 늦기 전에 왜군의 전라도 진출을 막지 못한다면 후일 큰 우환으로 돌아온다고 판단했을 것이다.

마지막으로 조헌은 당장의 전투를 피하더라도 자신의 의병부대가 적군의 전력을 넘어설 정도로 군세를 확보하기는 어렵다고 판단했던 듯싶다. 영규대사와 참모들이 전투를 만류하자 조헌은 "이 적은 본래 우리와 대적할 만한 상대가 아닌데 구구(區區)하게 속전(速戰)하려 하는 것은 다만 격앙된 충의와 사기에 편승코자 함이다[5]"라며 끝까지 싸울 것을 독려했다고 한다. 조헌의 집안은 본래 풍족하지 못하여 의병부대를 구성할 수 있는 경제력이 부족했다. 거병 초기 이러한 재정적 한계를 극복한 것도 군소집단을 이루어 조헌 부대에 참여한 사람들의 경제력 덕분이었다. 관으로부터의 지원도 당시 관군의 군량 사정이나 관군과 의병 간의 원만치 못한 관계를 고려했을 때 기대하기 힘든 상황이었다.[6]

따라서 군량이나 병장기 등 군수조달에 어려움을 겪고 있던 조헌으로서는 그날 왜군과의 싸움을 피하더라도 훗날 적의 군세를 넘어설 정도로 보급을 확충하기는 어려울 것이고, 차라리 병사들의 사기가 아직 높을 때 전투를 벌이는 것이 오히려 더 낫다고 판단했을 것이다.

이렇게 불리한 상황에서 치러진 전투는 결국 의병장 조헌, 승장 영규대사를 비롯한 7백 명의 의사 전부가 장렬히 순절하는 결과를 가져왔다. 금산성 10리 밖 연곤평에 진을 치고 있던 의병부대에 8월 18일 새벽 왜군의 기습공격으로 전투가 시작되었다. 일본군은 조헌과 영규의 병력이 많지 않음을 알고 군대를 3개로 나누어 번갈아가면서 나와 공격하였다. 조헌의 의병부대는 왜군을 세 차례나 물리쳤으나 화살이 다 떨어지고 해가 지기 시작하면서 병사들의 사기마저 떨어지기 시작했다. 이때 적군은 일제 공격을 감행하였고 조헌과 군사들은 죽기를 작정하고 맨주먹으로 싸웠다. 목숨이 위태로운 상황에서도 도망치려 한 사람이 없었다고 한다. 승장 영규는 조헌을 구출하려 포위를 뚫고 들어갔으나 조헌을 찾지 못하고 싸우다 전사했다. 조헌의 아들 조완기는 패전을 눈앞에 두고 일부러 의관을 화려하게 입었는데 아버지를 대신하여 죽고자 했기 때문이라고 한다.[7]

전투가 끝난 뒤인 27일에는 조헌과 함께 금산을 공격하기로 약속했던 해남현감 변응정이 단기필마로 금산성을 공격했다가 순절하는 사건도 있었다. 변응정은 조헌과의 약속을 지키지 못하고 구차하게 죽지 않고 있음을 탄식하며 단지 수십 명의 병사들만 이끌고 왜군을 공격함으로써 조헌과의 의리(義理)를 지키고자 하였다. 칠백의사와의 전투로 왜군도 심각한 피해를 당했다. 3일에 걸쳐 옮겼지만 시신을 다 거두지도 못하고 무주에 주둔하고 있는 부대와 함께 금산을 포기하고 퇴각하였다.

조헌과 칠백의사의 금산전투에 대해 임진왜란 직후에는 명백히 열세인 전력에도 불구하고 전투를 치뤄 병력을 전부 잃게 되었다는 아쉬움과 반성을 드러내는 평가가 있었던 것 같다. 당시 세간에는 조헌의 죽음을 두고 "명예를 낚은 것"이라는 평도 있었다고 한다. 심지어 의병 활동을 방해했던 충청도 관찰사 윤선각은 자신의 책 [문소만록(聞韶漫錄)]에 "그 꾀도 없이 경솔하게 진격하다가 마침내 몸까지 죽이고 말았음은 몹시 원통한 일이다"라며 조헌에 대한 악의적인 평가를 남기기도 했다.

반면 안방준(1573~1654) 같은 이들은 칠백의사 중 한 사람도 후퇴하지 않고 앞다투어 싸우다 전사한 것이므로 금산전투를 절의(節義)로 봐야 한다는 적극적인 평가를 하기도 했다.[8] 조선 중기 시인 권필(1569~1612)은 다음과 같은 시를 통해 조헌과 칠백의사의 절의를 칭송했다.

몇 번이나 주운(朱雲)처럼 대궐 난간을 꺾었던고[9] / 幾折朱雲檻
오래도록 초택(楚澤)의 굴원처럼 나홀로 깨어 있음을 읊었도다[10] / 長吟楚澤醒
알겠구나, 큰 군자는 / 從知大君子
작은 조정에 처하지 않음을 / 不處小朝廷
곧은 기개는 하늘과 땅에 드높도다 / 直氣軒天地
외로운 충성은 해와 별같이 빛이 나네 / 孤忠炳日星
우뚝이 솟아 있는 금산의 산빛은 / 崔嵬錦山色
만고에 푸르기만 하여라 / 萬古只麽靑

- 출처: 한국고전종합 DB, 연려실기술 제16권,
선조조 고사본말 조헌·영규·변응정 기사 -

당대의 비판적인 평가에도 불구하고, 칠백의사의 금산전투를 실패한 전투로 평가해서는 안 된다고 생각한다. 조선이 결국 임진왜란을 극복할 수 있었던 근간이었던 호남·호서지방을 지켜냈다는 전략적 성과와 함께 향후 전국적으로 전개되었던 의병활동의 기폭제가 되었다는 점, 그리고 칠백의사의 순절 이후 이어진 변응정의 전투와 같은 관군의 소규모 전투가 금산성에 주둔 중이던 왜군이 앞으로 관군의 공격이 이어질 것이라는 판단을 하게 했고 결국 금산을 포기하고 퇴각하게 만들었다는 점 등을 고려할 때 금산전투는 소기의 목적을 달성한, 승리한 전투로 평가받아야 마땅하다고 생각한다.

관군의 지원도 받지 못하고 관군과의 연합도 이루지 못해 고군(孤軍, 따로 떨어져 도움을 받지 못하게 된 군대)이 되어버렸음에도, 나라를 위해, 고향과 가족을 위해 오로지 '외로운 충성(孤忠)'만으로 목숨을 초개와 같이 버려 지켜낸 곳, 칠백의사의 한이 서린 역사의 현장, 그래서 쓸쓸함이 감도는 그곳이 바로 '금산 칠백의총'이다.

의총(義塚), 그 쓸쓸함에 대하여 : 칠백의총과 무명의사

달이 떠오른다. 추석을 3일 지난 밝은 달이다. 작년 저 달을 볼 때만 해도 온 가족이 모여 즐겁게 보냈었는데. 달이 밝으니 전장의 모습이 한눈에 드러난다. 참혹하다. 화살은 떨어진지 이미 오래고, 전우들도 상관들도 제대로 된 무기 없이 적군을 상대하고 있다. 갑자기 이대로 죽을 것이라는 두려움이 몰려온다. 장군이 계신 곳을 보았다. 여기저기 상처에

피가 흐르고 옷이 넝마처럼 찢어져 흩날려도 핏발 선 두 눈을 부릅뜨고 적군을 노려보며 깃발을 흔들어 병사들을 독려하고 계신다. 피난 간 가족이 생각난다. 몸이 편치 않으신 어머니를 모시고 피난 길에 오르던 아내와 두 아이는 지금쯤 어디에 있을까? 밥은 잘 챙겨 먹는지, 다치거나 몸이 상하지는 않았는지 갑자기 걱정된다. 그런 생각도 잠시, 악귀처럼 또다시 달려드는 왜군들에 상념을 날린다. 이번에도 버틸 수 있을까. 두렵다. 하지만 내 사랑하는 가족들이 적군의 말발굽에 짓밟히지 않게 하려면 내가 적군 한 명이라도 더 쓰러뜨려야 하리라. 다시 힘을 끌어모아 빈 주먹 불끈 쥐고 적군을 향해 달려간다.

'무명사졸'이 되어 금산성 전투가 벌어졌던 날을 상상해본다. 700여명의 의병 중 대다수는 이름 없는 민초(民草)들 이었을 것이다. 조헌의 의병부대 구성을 살펴보면, 부대의 핵심인물은 그의 문생과 유생이었으나 그 구성원은 가정(家丁, 집에서 부리는 남자일꾼, 하인), 가동(家僮, 집안 심부름하는 어린 사내종)으로 지칭되는 천민들이 많았다. 이는 군적에 올라 있는 양인 장정은 관군에 징집될 수밖에 없었기 때문이었다.[11]

이렇듯 칠백의사는 학문관계를 비롯하여 친속·가속관계에 의한 공동체적 편제가 주축을 이루고 있었는데, 이것이 칠백의사가 강한 결속력을 가지고 함께 순절한 배경이 되었다.

금산혈전순절도(錦山血戰殉節圖) 출처 : 칠백의총 홈페이지

의병장인 조헌과 부대의 핵심인물들인 사림(士林)들은 철저한 성리학적 신념에 경도되어 의병으로 참여한 사람들이니 그들의 이념적 확신에 따라 목숨까지도 걸 만큼 사상적인 사람들이었다. 하지만, 병졸 대부분은 그런 이념이 아닌 가족의 안위를 위해서 목숨까지 걸면서 싸움에 임하지 않았을까.

칠백의총에 있는 사당인 종용사에는 총 21위의 신위가 모셔져 있다. 제단의 중앙에 주향(主享)하는 위패로 충열공 제봉 고선생(고경명), 문열공 중봉 조선생(조헌), 영규대사의 3인의 위패가 모셔져 있고, 중앙단의 동쪽으로 고인후·조완기·한순·김형진·박사현·한응성·조선생막좌·사졸·승장사졸의 위패가, 서쪽으로 이광륜·류팽로·안영·변응정·박중립·길안수·고선생막좌·사졸·무명의사의 위패가 각각 배향(配享)되어 있다.

2000년 3월 역사교과서로만 접한 칠백의총을 찾았을 때 내가 느꼈던 첫 감정은 '쓸쓸함'이었다. 아직은 이른 봄날 평일 오전이라 참배객도 없고 약간은 쌀쌀한 날씨와 아직 새싹이 올라오지 않은 잔디와 나무들, 사당에서 피운 향냄새와 참배할 때 흘러나오는 음악(트럼펫 독주 묵념음악), 칠백의사와 위패에 대한 설명 등의 분위기와 어우러져 묵념 후 고개를 들었을 때 눈에 들어온 '무명의사'의 위패는 조용한 사적지에 대한 흔한 표현인 '고즈넉함'이 아닌 '쓸쓸함'이라는 인상을 강렬하게 남겨주었다.

'의총(義塚)'의 사전적 의미로 '의사(義士, 의협심 있는 이로서, 국가,

민족을 위해 목숨을 바친 애국 열사)의 무덤'[13]이라는 뜻과 함께, '조상(弔喪)하는 이가 없는 무연(無緣)의 죽은 사람을 위해 남이 의(義)로써 세운 무덤[14]'이라는 뜻이 있다. 칠백의총은 700여 명의 의병이 모두 순절하신 후 조헌의 제자들이 시신을 수습하여 합장한 묘역이다. 특히 종용사에 모셔진 위패 중 의병장 조헌선생, 승장 영규대사 등 연고가 있고 여력이 있는 분들은 유족들이 시신을 수습하여 각자의 고향이나 연고지로 옮겨가서 별도로 사당과 묘를 조성하였지만, 전사자의 대부분을 차지했을 무연(無緣)의 의병들은 끝내 그 이름도 제대로 남기지 못하고 전장에서 장례를 치르지도 못한 채 합장되어 지금의 의총을 이루고 있다. 그렇게 생각해볼 때 칠백의총이 가지는 의미에 가장 부합하는 분들이 바로 이 '무명의사'라 불리는 분들이 아닐까 하는 생각이 든다.

 매년 칠백의사 순의 제향이 거행되면, 제사 이후에 칠백의사의 후손을 자처하는 분들이 찾아오곤 한다. 그분들은 각자 집안에 내려오는 서책 등을 근거로 자신들의 선조가 칠백의사 중 한 분이시라며 별도로 위패를 만들어 추가로 배향해달라고 요청했다. 그럴 때마다 제향을 담당하는 직원이 설명하기를, 칠백의사임을 입증할 사료가 부족하여 칠백의총에 추가 배향은 어려우나[14] 임진왜란 당시 돌아가셨던 이름이 알려지지 않은 모든 분은 무명의사 위패에 함께 모셔져 있는 것이니 이로써 위안을 삼으시라고 설득했다.

 사료 부족이라는 이유에 더는 항변하기 어려워 아쉬움을 안은 채 뒤돌아가는 그분들의 모습을 볼 때마다 칠백의총에 왔던 첫날 받았던 '무명의사' 위패에 대한 쓸쓸한 감정이 다시금 떠올라 미안함과 아쉬움에 한 해의 가장 큰 행사의 뒷마무리가 씁쓸했던 기억이 아직도 생생하다.

죽은 이들의 공간, 살아가는 이들의 장소

금산전투가 끝나고 왜군이 물러난 다음 조헌의 제자들이 의병들의 시신을 수습, 합장하여 '칠백의사총'을 조성했다. 전쟁이 끝난 후 무덤 옆에는 '중봉조헌선생일군순의비(重峰趙憲先生一軍殉義碑, 중봉조헌선생과 온 군사가 이에 순절한 비)'가 세워졌다. 또한 조헌, 고경명과 칠백의사에 대한 제사를 지내기 위한 공간으로 의단(義壇, 의총에 제를 지내기 위한 제단)이 조성되었다. 마지막으로 금산지역에서 순절한 분들의 위패를 모시기 위한 사당으로 종용사(從容祠)[15]가 건립되었다. 죽은 이들의 공간이 완성된 것이다.

조헌과 칠백의사 등 금산지역을 지키기 위해 순절하신 분들을 추모하기 위한 공간이 완성된 이후 사람들은 그곳에서 그들을 위해 봄, 가을에 제사를 지내고, 그들이 죽음으로써 실천했던 이념인 성리학을 가르쳤다.[16]

1871년 흥선대원군의 서원철폐령으로 종용사 등의 건물이 철거되기까지 200여 년의 세월 동안 제향과 강학을 통해 쌓아온 칠백의총에 대한 애착과 애정은 충절의 기억을 전승하는 기념물이었던 '공간'을 선조들이 피로써 지켜낸 땅에서 살아가던 사람들에게 특별한 '장소'로 바꾸어 주었을 것이다.

지리학자 이-푸 투안은 "공간에 우리의 경험과 삶, 애착이 녹아들 때 그곳은 장소가 된다"고 했다. 금산 지역민의 칠백의총에 대한 이 특별한 장소감(Sense of place, 한 사람이 어떤 장소에 대해 갖는 주관적인 느낌[17])은 흥선대원군의 '서원철폐령'에 의해 종용사가 철거된 이후에도 칠백의사에 대한 제향만은 끊어지지 않게 한 원동력이 되었다. 일제 강점기인 1940년 일본인 경찰서장이 의총을 훼손하고 일군순의비를 폭파하는 등 칠백의총을 폐허로 만든 만행을 저지르는 중에도 순의비의 파편을 몰래 모아 땅속에 보존할 수 있게 했던 것도, 그리고 칠백의사의 순국 6주갑이 되던 1952년 성금을 모아 의총을 고치고 종용사를 재건할 수 있었던 것도 금산군민들이 가지고 있던 칠백의총에 대한 애착, 장소감 때문이었을 것이다.

옛사람들뿐만 아니라, 현재를 살아가는 나에게도 칠백의총은 아주 특별한 의미가 있는 '장소'이다. 사람들이 많이 찾는 아주 유명한 관광지나 궁궐 등과 같은 화려한 곳은 아니지만, 나의 첫 직장이자 아내와 나의 인연을 이어준 곳, 신혼생활을 시작한 곳이기도 하다. 내 삶에 있어서 중요한 '첫 경험'들이 일어났던 장소이다. 흔히 말하는 '제2의 고향'이 금산이 되었다. 대전으로 이사한 이후에도 처가인 금산을 자주 찾게 되니 가족들과 아이들과 나들이를 할 때 찾는 곳이 칠백의총이었다. 2022년인 지금은 좀 달라졌지만, 20년 전만 해도 금산에서 칠백의총만큼 가족나들이에 적격인 곳이 없었다. 아이들이 뛰어놀 수 있는 너른 잔디밭과 봄부터 계절마다 피는 꽃들, 연못에서 먹이주기를 기다리는 비단잉어들(그때는 정문에서 잉어 먹이를 판매하기도 하였다), 한여름 시원한 그늘을 주었던 아름드리나무 등등 소풍이나 가벼운 휴일 오후 나들이를 하기에는 그만한 장소가 없었다. 가족들과 찾을 때마다 칠백의총은 계절에 따라 매번 다른 모습으로 나를 반겨주었다.

대전보다도 봄이 살짝 늦게 찾아오는 금산에 완연한 봄이 오고 한낮의 볕이 따스해지면 칠백의총에는 목련과 산수유꽃이 핀다. 종용사의 좌우에 심어져 있던 흰 목련과 자목련의 꽃은 겨우내 황량한 느낌을 주던 종용사와 의총의 분위기를 바꾸어 곧 다가올 화사한 봄날을 기대하게 해주었다. 아직은 봄날의 초록이 올라오지 않은 시기, 하얀 목련과 붉은 목련이 사당을 배경으로 피어나면 칠백의총이 그동안 겪어왔던 역사를 극복하고 오늘까지 이른 것처럼 힘든 겨울을 견뎌내고 드디어 봄을 맞는다는 안도감이 드는 것 같았다. 반면 목련이 질 때는 탐스럽던 꽃송이들이 떨어져 갈색으로 시들어가는 것을 보면서 사당에 피어나는 향 냄새와 함께 왜군의 총탄에 쓰러졌던 의병들이 떠올라 가슴 저린 감정이 들기도 한다. 아쉬운 점은 외세에 저항하다 순절한 분들을 모신 사적지 분위기에 어울리지 않는 외래수종이라는 이유로 자목련은 수년 전 제거되었다고 하니, 더 이상 하얀 목련과 어우러지는 모습을 볼 수 없게 되었다.

목련이 지고 나면 진달래꽃이 피기 시작한다. 칠백의총 경내에도 군데군데 진달래가 분홍빛 꽃을 피워 화사한 봄날의 분위기를 고조하지만,

종용사와 목련(출처: 칠백의총 관리소)

제대로 된 진달래밭은 칠백의총의 둘레길에 있다. '금성산 술래길'이라 이름 붙인 이 숲길은 칠백의총에서 시작해서 금성산 정상까지 닿는다. 의총과 칠백의사가 순절한 연곤평(지금은 금산위성지국이 들어서 있다)을 바라보며 칠백의총 외곽을 휘돌아 숲길을 올라가다 보면 철쭉군락지와 진달래군락지를 만날 수 있다.

 진달래가 지고 나면 몇 그루 되지는 않지만 숭의지(연못)가에 피어나는 벚꽃이 봄꽃의 향연을 이어받는다. 요즘은 전국 어디나 벚꽃 명소가 넘쳐나고, 거리를 수놓는 화려하고 많은 수의 벚꽃에 비교할 수는 없겠지만, 봄밤 밝은 달이 뜨기라도 하면 연못가에 심겨있는 아름드리 벚나무 두어 그루가 피워내는 벚꽃의 향취는 그 나름대로 보는 이의 마음을 설레게 하는 무언가가 있다. 잔잔한 연못의 수면위로 달빛에 비친 벚꽃이 뜨고 살짝 부는 바람에 꽃잎이 우수수 연못 위로 떨어질라치면 고요한 사적지의 분위기와 어우러져 몽환적이기까지 한 장면이 연출된다. 안타깝게도 야간에 칠백의총을 관람할 수 없기에 일반인이 가까이서 그 장면을 볼 수는 없지만, 운이 좋다면 정문 옆 낮은 담장 너머로 그 멋진 밤 벚꽃 풍경을 감상할 수는 있을 것 같다.

 항상 엄숙하고 차분해야만 할 것 같은 칠백의총이 일년 중 가장 들썩이는 날은 5월 5일 어린이날이었다. 실제 문화재연감이나 문화재청에서 발간한 통계자료를 보면 연중 칠백의총의 최다 관람객이 오는 날이 바로 그날이었다. 5월이 되면 순의탑과 숭의지, 그리고 칠백의총 바깥 둘레 산길 등에 울긋불긋한 철쭉이 활짝 피어난다. 눈부신 5월의 햇살 아

칠백의총 숭의지 전경(2022.4.2.)

래 파릇하게 올라온 잔디와 붉은 꽃들 사이사이로 뛰어노는 아이들의 웃음소리에 칠백의총 경내·외는 활기가 넘친다. 많은 사람이 한꺼번에 몰리기에 그날은 직원들 모두 나서 주차정리를 하고, 잔디밭 구석에서 몰래 삼겹살을 굽는 이들을 단속하거나 나뭇가지에 올라가는 아이들을 말리느라 온종일 분주해진다.

 개인적으로 칠백의총이 가장 아름다운 시기는 역시 9월이 아닐까 생각한다. 9월에는 칠백의사 순의제향이 치러지는 만큼 중요한 행사를 위해 칠백의총은 여기저기 단장을 한다. 먼저 국화꽃을 경내 곳곳에 배치해 추모 분위기를 조성한다. 제향이 열리는 9월 23일은 국화가 만개하기 조금 이른 시기여서 그 날짜에 활짝 필 정도의 국화를 구하기 위해 경기도 등지의 대규모 화훼단지로 몇 번의 출장을 가서 적당한 국화 화분을 구해온다. 그렇게 개화시기를 맞추기 위해 애를 써봐도 행사 당일에 활짝 핀 국화꽃을 보기는 여간 어려운 일이 아니어서 제향이 끝나고 며칠 후에야 활짝 핀 국화를 보게 되기가 태반이다. 여름 내내 웃자란 경내·외 잔디도 깎고, 마치 면도 하듯이 잔디와 박석의 경계선을 낫이나 가위로 다듬기도 하고, VIP와 참배객의 주요 동선인 경내 박석 물청소도 하는 등 칠백의총의 구석구석을 닦고 꾸미서 추모객을 맞을 준비를 한다.

 제향행사가 끝나면 종용사 좌측 담장 너머 잔디밭에서 음복행사가 열린다. 참배객 누구나 참여하여 제주(祭酒)인 인삼주와 제사상에 올린 음식, '인삼튀김' 같은 금산지역 특유의 음식을 함께 나누는 행사이다. 그 행사가 열리는 장소야말로 내가 개인적으로 칠백의총에서 가장 애정하는 장소이다. 평소에는 관람 동선에서 비켜 있어 잘 볼 수 없는 공간이라 일반 관람객들은 잘 모르지만, 배롱나무가 필 때면 반원형으로 잔디밭을 둘러싼 붉은 꽃과 초록의 잔디가 어우러져 마치 잘 가꾸어진 어느 고택의 후원과 같은 아늑한 느낌을 주는 곳이다. 칠백의총에서 근무할 당시 가끔 머리를 식히러 혼자 들르던 장소였고 가족들과 나들이로 갈 때도 혼자 잠시 서성이던, 남몰래 아껴둔 나만의 명소이다.

칠백의사 추모 제향행사 음복행사장 배롱나무(출처: 칠백의총 관리소 제공)

자세히 보아야 볼 수 있다

나태주 시인은 '풀꽃'이라는 시에서 "자세히 보아야 예쁘다. 오래 보아야 사랑스럽다. 너도 그렇다"라고 노래했다. 문화유산도 자세히, 여러 번 볼 때, 더욱 사랑스러워지지 않을까. 물론, 첫눈에 반해 사랑에 빠지는 연인처럼 처음 보자마자 감동을 주는 문화유산도 많이 있을 것이다. 하지만, 그렇지 않은 곳이라도 여러 번 찾다 보면, 어느 순간 유적지 한 구석에 피어있는 풀꽃 하나가 벅찬 감동을 주는 때도 있다. 칠백의총은 나에게 그런 의미가 있는 장소이다. 칠백의사의 숭고한 정신에 고개가 숙어지는 엄숙함과 장엄함도 있지만, 나무 한 그루, 바위 하나, 꽃 한 송이마다 추억이 담겨있는 곳, 그곳이 바로 '금산 칠백의총'이다. 또 한 번 문화유산이 나에게 전해주는 그 보석 같은 순간을 찾으러 칠백의총으로 가고 싶다.

< 참고 문헌 >

국방부전사편찬위원회, 『임진왜란사』, 1987

김경태, 「임진왜란 당시 금산전투의 개요-전개와 위상」, 『칠백의사 그 충절의 기록들』, 2021

김포문화원, 『불멸의 중봉 조헌 Ⅰ, Ⅱ』, 2004

나태종, 「의병장 조헌과 금산성 전투의 재조명」, 군사논단 제66호, 2011

박범, 「금산전투 기억의 전승과 칠백의총의 조성」, 『칠백의사 그 충절의 기록들』, 2021

이석린, 『임란의병장 조헌연구』, 신구문화사, 1993

이-푸 투안, 『공간과 장소』, 사이, 2020

문화공보부문화재관리국, 『칠백의총보수정화지』, 1976

칠백의총관리소, 『칠백의총 종합정비사업 2단계 기본계획』, 2021

칠백의총관리소, 『칠백의총 자료집』, 발간일 미상

< 각주 >

1) 조선후기 유학자 박노필의 칠백의총에 관한 시에 나오는 "중봉이 순절한 곳에 의총이 마을이름으로 불리네(重峯殉節處 義塚號基村)"라는 구절을 통해 조선후기에 이미 칠백의총이 있는 곳이 '의총(마을)'으로 불렸음을 추정할 수 있다. 또한 금산군 홈페이지의 읍면동 별 마을소개 페이지에 금성면의 자연부락에 대한 설명에도 의총마을의 유래를 의총이 있는 마을이라고 소개하고 있다.

2) 금산 칠백의총 홈페이지(https://700.cha.go.kr) 칠백의총 소개 참조

3) 충청도 순찰사 윤선각은 관군으로 편입될 인원들이 의병에 합류하게 되는 점 등을 들어 조헌의 의병 모집을 반대하였고, 의병에 가담한 자들의 가족을 옥에 가두어 의병부대에서 이탈하게 하는 등 의병 활동을 방해하였다.

4) 제2차 금산전투는 당초 전라도 순찰사 권율과 충청도 관찰사 허욱과 함께 8월 18일 동시에 금산을 공격하기로 약속하였다. 약속에 따라 조헌은 8월 16일 금산으로 진군하였고, 권율이 날짜를 바꾸자는 의견을 내었으나 그 서신을 미처 받기도 전에 전투가 벌어져 결국 중과부적으로 칠백의사가 모두 순절하고 말았다.

5) 김포문화원, 『불멸의 중봉조헌 Ⅰ』, 2004, 221쪽

6) 이석린, 『임란의병장 조헌연구』, 1993, 140~142쪽

7) 김경태, 「임진왜란 당시 금산전투의 개요-전개와 위상」, 칠백의총 기념관 상설전시도록 『칠백의사 그 충절의 기록들』, 2021, 67~68쪽

8) 김경태, 위의 논문, 69쪽

9) 중국 한(漢) 나라 주운(朱雲)이 임금에게 바른 말을 하다가 잡혀 나갈 때에 가지 않으려고 궁궐의 난간을 붙들고 늘어졌더니 난간이 꺾어졌다는 고사를 인용한 내용

10) 중국 초(楚)나라 사람 굴원(屈原)이 임금에게 쫓겨나서 연못가를 홀로 수군거리며 거닐고 있는데 한 어부가 그의 쫓겨난 이유를 물으니, 굴원이 대답하기를 "온 세상이 모두 취해 있는데 나 홀로 깨어 있으므로 쫓겨났노라." 하였다는 고사를 인용한 내용

11) 이석린, 『임란의병장 조헌연구』, 신구문화사, 1993, 173쪽

12) 네이버 국어사전 중 고려대한국어대사전 '의총'

13) 네이버 한자사전

14) 칠백의사의 명단은 「호남절의록」, 「막좌문생동일순절록」, 「진산미륵사초혼기」 등을 참고하여 작성한 것이라고 밝히고 있다.(출처: 칠백의총 종용사 안내문)

15) 종용사의 명칭이 붙은 이유는 송시열이 지은 의단당재후기(義壇堂齋後記)에 보인다. 이 기록에 따르면 '대개 담담하게 의를 취하는 뜻을 취한 것이다.(蓋取從容取義之意也)'에서 따온 것이다.(박범, 「금산전투 기억의 전승과 칠백의총의 조성」, 『칠백의사 그 충절의 기록들』, 2021)

16) 18세기 후반 『금산군읍지』에 따르면 종용사에는 장의 2명, 유사 2명이 있었다고 한다. 종용사에 소속된 원생도 25명이나 있는 것으로 보아, 강학(講學) 활동도 매우 활발하게 진행되었던 것으로 생각된다.(위의 논문, 77쪽)

17) 이-푸 투안, 『공간과 장소』, 사이, 2020

박민호

행정직 공무원으로 문화유산분야에서 근무하고 있다. 업무를 위한 '현장'으로 문화유산을 찾을 때는 마냥 즐겁지만은 않았는데, 에세이 필진에 참여하면서 새로운 시각으로 바라볼 수 있게 되니 그동안은 몰랐던 문화유산의 '참맛'을 알아가는 기분이다. 첫걸음은 힘겹게 떼었지만, 미래의 문화유산 스토리텔러를 꿈꾸며 이제는 다음 답사지를 고민하고 있다.

minop@daum.net

3D콘텐츠로 보는 百濟

따스함이 코끝을 간지럽히던 어느 봄날 오후, 나는 정림사지를 찾았다. 꽃망울을 틔운 벚꽃이 나를 반겨주었다. 매표소를 지나 이정표를 따라 걸어가자 시간이 멈춘 듯한 공간이 눈앞에 펼쳐졌다. 유난히 맑은 하늘 아래 우뚝 선 석탑과 그 너머로 전각이 보였다. 웅장한 전각이 있었던 곳은 빈터만 남아 있었다. 모든 것이 사라진 후 홀로 덩그러니 남아 있는 석탑은 모든 사연을 알고 있는 듯 평온한 모습이었다.

탁 트인 공간을 한참이나 바라보다 인근의 숙박시설이 눈에 거슬려 번뜩 정신이 들었다. 시내 가까운 곳에 위치한 탓인지 이곳과 어울리지 않는 모습에 투덜거리다 금세 '와~ 정림사지 뷰를 가진 숙소라니, 다음에 부여에 묵을 일이 있으면 저곳에서 정림사지를 즐겨볼까?'라는 생각에 잠시 웃어보았다.

백제 사비 시대 사찰은 중문·탑·금당·강당이 남북 자오선상에 일직선으로 놓이고 강당 좌우의 부속건물과 중문을 연결하는 회랑(廻廊)이 둘러싸고 있는 '일탑식가람(一塔式伽藍)' 배치를 따른다. 여기에 정림사지는 백제만의 독특한 건물 배치 특성을 더했다. 북쪽과 동쪽, 서쪽에 회랑을 두르고 승려들의 생활공간인 승방지를 만든 것이다. 부처(佛) + 부처의 가르침(法) + 부처의 가르침을 따르는 승려(僧)를 지칭하는 불교의 3가지 요소인 삼보(三寶)를 한 공간에 구성한 정림사지는 불교의 교리를 완전하게 구현한 사찰로 고대 동아시아 사찰 구조의 다양성에 관한 좋은 사례가 된다. 중문 밖에는 동·서 양쪽으로 각각 연못을 파서 다리를 통하여 건너가게 하였다. 이 연못은 현재까지 발굴된 것 중 가장 오래된 것이므로, 삼국시대 사찰 조경 연구에 귀중한 자료이다.

- 출처 : 한국민족문화대백과사전(부여정림사지(扶餘定林寺址))-

정림사지 오층석탑의 슬픔

부여 출장이 있던 차에 2시간 여유를 두고 정림사지를 둘러보았다.

탁 트인 넓은 터와 연꽃 연못 2개, 탑 너머의 금당 그 풍경만 바라보아도 절로 마음에 여유가 생기고 삶에 시름을 잠시 내려놓을 수 있는 장소였다. 양쪽에 자리한 연지 사이를 지나 가까이서 보게 된 오층 석탑은 '검소하지만 누추하지 않고, 화려하지만 사치스럽지 않다'라는 말이 너무나 잘 어울리는 모습이다.

1,500여 년의 기나긴 시간을 지금도 그대로 간직하고 있는 정림사지 오층석탑에서 당시 백제시대의 석탑 기술이 얼마나 뛰어났는지 알 수 있었다. 이러한 기술이 그 후 통일신라와 고려에 이어 일본에까지 영향을 주었다고 하니 절로 어깨에 힘이 들어간다.

정림사지 전경

하지만 이곳은 가장 처절하고도 슬픈 역사를 가지고 있는 장소이기도 하다. 서기 660년 7월 13일 나당 연합군에게 사비성을 함락 당한 후 부여 전역이 일주일간 불에 탔다고 한다. 그때 그을린 흔적이 석탑에 그대로 남겨져 있었다. 오랜 풍상에도 지워내지 못하는 저 그을음이 백제의 아픈 상처이자 한인 것 같아 마음 한 켠이 아려왔다.

부여 정림사지 오층석탑(定林寺址 五層石塔)

나라를 잃고 망국의 슬픔으로 마음이 허탈했을 백제인의 심정이 어땠을까? 더 화가 나는 건 석탑 하단에 당나라 장수 소정방이 '내가 백제를 평정했다'라는 글씨를 새겨놓았는데, 탑의 제작 시기를 정확히 알지 못했던 때에는 이 탑을 소정방이 세운 '평제탑(平濟塔)'이라고 불렀다는 사실이다.

백제 예술의 최고 걸작이자 고대 평지 사찰에 건축 예술을 확인할 수 있는 이곳에서 한 나라의 흥망성쇠에 대한 아련함과 역사를 바로 알지 못했던 안타까움을 함께 느낄 수 있었다.

새로운 콘텐츠로 가득한 곳

정림사지를 둘러본 후 박물관으로 발걸음을 옮겼다. 박물관에 들어서면 정림사지 이름의 출처를 알 수 있는 전시물을 만날 수 있었다. 일제강점기 때 이루어진 발굴조사에서 '태평팔년무진정림사대장정초(太平八年戊辰定林寺大藏當草)'라고 적힌 기와가 발견됨에 따라 태평 8년인 고려 현종 19년에 정림사로 불렸음을 알게 되었다. 그 이후부터 절터는 정림사지, 절의 탑은 정림사지 오층석탑으로 부르게 되었다고 한다.

태평 팔년 무진 정림사 대장당초

박물관은 '정림사지관'과 '백제불교 역사관'으로 구성되어 있다. 정림사지관의 인피니티 룸에 들어서면 어둡고 넓은 공간에 여러 개의 유리 상자가 놓인 모습과 마주친다. 정림사지터에서 출토된 조각들을 전시한 것인데 밝은 유리 상자에 하나씩 유닛으로 전시되어 있어서 더 유심히 보게 되는 묘한 매력이 있었다. 인피니티룸 안에서는 출토된 여러 가지 유물들과 이에 대한 상세한 설명들이 이해하기 쉽게 영상으로 구현되어 있으며, 스마트폰 앱을 통해 AR 콘텐츠를 체험할 수도 있다. 투명 LED를 활용한 홀로그램 콘텐츠는 가운데 5층 석탑을 두고 사면에 홀로그램

정림사지관(제1전시실) 인피니트룸

영상을 구현하여 백제의 문화를 아름답게 표현한다. 무엇보다 벚꽃 흩날리며 떨어지는 모습이 탑과 어우러져 참 아름다웠다.

이곳에서는 연꽃무늬 와당이 많이 출토되었다고 한다. 와당은 처마 끝을 마감하는 용도로 쓰이는데, 점토를 원하는 모양의 틀에서 뜬 다음 구워서 만든다.

축조 과정 체험과 정림사지오층석탑

와당 옆에는 정림사지 터에서 보았던 와적기단 모형이 있다. 와적 축조 과정 체험과 정림사지오층석탑 기단은 기와 조각을 쌓아 만든 기단으로 건물을 짓기 전 땅을 다지고 단단하게 만들어서 침하를 막고 습기를 막아주는 역할을 했다. 이는 백제인들의 독특한 건축양식으로 후에 통일 신라와 일본에 전파되어 여러 사찰에서 와적 기단의 흔적을 확인할 수 있다고 한다.

정림사 재현 미니어쳐 모형

전시실 끝에는 정림사의 원래 모습을 재현해 놓은 미니어처 모형이 놓여 있었다. 내가 하는 업무와 관련이 많다 보니 그냥 지나칠 수 없었다. 직업병은 어쩔 수 없나 보다. 단순히 모형으로 재현한 것에 그치지 않고, 영상을 매칭시켜서 하나의 작품으로 재탄생시킨 정림사와 석탑의 모습에서 과거 실제 모습은 어떠했을지 잠시 상상해 보는 시간이었다.

정림사지관을 지나 백제불교역사관을 향하다 보면 감각적인 또 하나의 영상이 있다. 사비 백제의 왕을 실루엣으로 표현하고 각 왕들이 나레

이선하는 방식으로 구성되어 있다. 요즘 흔하게 접하는 미디어아트의 한 종류지만 콘텐츠의 내용에 따라 다르게 보이게 하는 것이 콘텐츠가 가진 힘인 것 같다.

1층 전시실에 있는 작은 영상관에서는 '사비연화 360'이라는 애니메이션을 보여주는데 다음 일정 때문에 아쉬움을 남긴 채 박물관을 나섰다.

국립부여박물관에서 만난 백제의 흔적

정림사지 방문의 여운이 남아 있던 5월 초 어느 날, 국립부여박물관 기획전시관에서 <백제인, 돌을 다스리다>라는 제목의 특별 전시회가 있다는 것을 알게 되었다. 지난번 정림사지 터에서의 아쉬움을 달래고, 백제인의 손으로 만들었던 옛 흔적들을 조금 더 자세히 접할 수 있겠다는 기대가 나의 주말 일정을 국립 부여 박물관으로 향하게 했다. 박물관에 입장하면 팔각지붕을 가진 중앙 로비를 중심으로 전시관들이 가지처럼 붙어 있다. 로비 한가운데는 백제 왕궁에서 물을 저장하는 용도로 사용했

국립부여박물관 특별전 <백제인, 돌을 다스리다. 治石>

다던 부여 석조가 놓여 있다. 로비 주변으로 제1전시실은 부여의 선사와 고대 문화, 제2전시실은 사비 백제와 백제금동대향로, 제3전시실은 백제의 불교문화, 제4전시실은 기증으로 빛난 문화제 사랑 등의 전시실로 구성되어 있다. 금동대향로를 보기 위해 1전시실은 스치듯 지나치고, 2전시실을 둘러보던 중 입을 벌리고 있는 물개처럼 생긴 유물에 눈길이 머물렀다.

부여 석조(扶餘 石槽)

호자와 변기모양 토기

'호자'라고 불리는 것인데 호랑이 모양의 남자 변기로 호랑이가 앞다리를 세우고 왼쪽으로 얼굴을 돌린 상태에서 입만 벌리고 있는 모양으로 손으로 들고 다닐 수 있도록 손잡이가 달린 물건이다. 나중에 알게 된 것인데, 온라인 투표에서 박물관의 마스코트로 선정되었다고 한다. 형태가 귀엽기는 한데, 용도를 알게 되니 민망스럽기도 하고 재밌다는 생각도 들었다.

드디어 전시실 가장 안쪽에 있는 백제금동대향로와 마주한다.

충청남도 대표 캐릭터인 충청이의 모티브가 된 백제시대의 대표적인 유물이다. 향로는 향을 피워 나쁜 기운을 깨끗이 하기 위한 도구이다. 부여 능산리 사지에서 발견된 백제금동대향로는 한 마리 봉황이 향로 꼭대기에 앉아 있는 신비스러운 모습을 하고 있다. 뚜껑은 부드러운 능선이 겹겹이 싼 모양을 하고 있으며, 향의 연기는 산의 사이사이에 구멍을 내어 피어오르게 했다.

백제 금동대향로(金銅大香爐)

 백제 금동대향로에는 완함, 종적, 북, 거문고, 배소를 연주하는 다섯 악사를 비롯하여 신선, 새와 짐승들, 신기한 상상의 동식물들이 표현되어 있다. 이들은 나무와 바위, 물 등 오묘한 산수 경치를 배경으로 향로의 세계를 더욱 신비하고 생동감을 느끼게 해 준다.

 위덕왕이 자신의 잘못으로 전사한 부왕(성왕)의 넋을 기리고자 세운 절에서 사용되었을 거라 추정되는 이야기가 있다. 또한 백제 멸망 당시의 약탈과 방화를 피해 진흙 속에 숨겨진 뒤 천수백 년을 버텨서 별다른 손상 없이 거의 온전한 모습으로 발견되었다는 기적 같은 이야기도 있다. 백제금동대향로 실물의 아름다움은 이번 방문을 당연한 것으로 만들어 주었다.

백제의 불교문화를 통해 국제적으로 찬란히 빛났던 백제를 볼 수 있는 제3전시실에서는 백제인의 우수한 제작 기술과 세계적인 건축 감각을 자랑했던 사찰에 관한 내용을 접할 수 있었다.

　정림사지 박물관에서 알게 된 것처럼 백제는 절도 많고 탑도 많은 나라였다. 이런 영향으로 백제의 건축기술은 이웃 나라에 절과 탑을 세워줄 정도로 뛰어났으며 벽돌 한 장에도 소홀함 없이 정성을 다했던 백제 장인의 예술혼을 이곳에서 볼 수 있었다. 백제인의 세련된 감각은 무늬 벽돌에서도 엿볼 수 있다. 산수, 도깨비, 봉황, 구름 등 여덟 가지 무늬로 구성된 벽돌은 백제 사람들의 정신 세계가 담겨있으며 조화와 비례, 우아함을 적절히 갖추어 백제인의 세련된 모습을 잘 보여 주고 있다. 그 중에서도 산수 도깨비 무늬 벽돌에 눈길이 오래 머물렀다.

부여 외리 문양전 일괄(扶餘 外里 文樣塼 一括)

무섭게 겁을 주는 듯한 도깨비의 형상, 옛 절터에서 출토된 이 벽돌엔 어떤 이야기가 담겨 있을까? 익살스러운 도깨비가 절터를 지키려 제 몸을 크게 만들어 악귀를 쫓으려 함일까? 다시 자세히 보니 벽돌에서 도깨비가 성큼 걸어 나와서 말을 걸 것 같다.

"이놈, 어떻게 눈치챘지? 비밀인데, 너만 알고 있어야 한다."

이제는 무섭다기보다 왠지 친근감이 더 들었다.

부여 규암리 금동관음보살입상　　　　서산 용현리 마애여래삼존상

이어진 금동불, 석불, 소조불 등의 불상의 전시물을 통해 백제 장인의 뛰어난 솜씨와 예술혼을 감상할 수 있었다. 금동관음보살입상은 머리에 부처가 새겨진 관을 쓴 관음보살로 오른손을 어깨 높이로 올려 작은 보주를 잡고 있는 자세가 독특하고, 둥글고 앳된 얼굴로 지그시 감은 두 눈, 꼭 다문 입가에는 보일 듯 말 듯한 부드러운 미소를 띠고 있는 모습이다. 신체의 굴곡과 양감이 자연스러운 보살상은 우아하고 세련된 조형 기술로 보인다. 마애불은 큰 바위에 석불을 조각하여 만든 것으로

얼굴 표정까지 섬세하고 정교하게 표현되었다. 서산마애삼존불은 직접 봐야 한다는데, 또 다음을 기약해본다.

드디어, 기획전시관에 들러 돌을 다스리는 백제인을 만났다.

백제 초기 한성시대에서 웅진시대와 사비시대에 이르기까지 오랜 시간이 지난 지금까지도 옛 원형 그대로의 모습을 간직하고 있다. 돌은 쉽게 변하지 않고, 주변에 흔한 소재이다. 백제 권역에서는 보령납석과 익산 황등석과 같이 품질 좋은 돌 산지가 많았다고 한다. 거기에 더해 좋은 돌을 찾아내는 눈, 돌의 성질을 이해하는 능력, 섬세한 손기술을 지닌 장인도 많아서 돌을 이용한 다양한 문화를 발전시킬 수 있었다. 화재로 소실된 목탑과 달리 목탑 양식을 사용한 백제의 석탑은 치밀하게 짜 맞춰 쌓아 올려 오랜 세월을 견디는 모습이 많은 이들에게 감동을 준다.

예산 화전리 석조사면불상

특별전에서 가장 인상 깊었던 것은 예산의 석조사면 불상을 재현하여 복원한 것이었다. 거대한 돌기둥의 사면에 새겨진 네 개의 불상을 3D 스캐닝과 3D 프린팅을 통해 훼손되어 떨어져 나간 부분이나 그 일부로 추정되는 조각들까지 있어야 할 자리에 끼워 맞추어 초기 제작 형태에 가까운 모습으로 복원했다고 한다.

옷 주름과 머리광배의 불꽃무늬·연꽃무늬 등 디테일에 감탄이 절로 나왔다. 비록 다른 업체가 만든 것이긴 해도 같은 분야의 일원으로 뿌듯함을 느끼게 했고 유사한 기회가 찾아왔을 때 더 감동을 줄 수 있는 작품을 만들기로 다짐해 보았다.

우리 주변에 조금만 눈을 돌려보면 백제가 남긴 돌로 만든 문화재가 곳곳에 자리해 있다. 지금의 기술로도 재현해 내기 쉽지 않은 것들을 백제의 장인들은 망치와 정으로만 만들어졌다는 것에 다시 한번 놀라고, 기술의 한계에 대한 고민거리를 던져준다.

'지성이 지극하면 돌에도 꽃이 핀다'
백제인들은 그 어려운 걸 해낸 거 같다.

즐거운 상상, 백제 도깨비와 함께

박물관을 나와 따사로운 봄날의 햇살 아래 벤치에 앉아 기분 좋은 바람을 맞았다. 도깨비 벽돌을 떠올리며 잠시 만화 같은 상상의 세계로 빠져본다. 한 달에 한 번 그믐달이 뜨는 밤이면 무늬 벽돌에 있던 백제 도깨비가 깨어난다. 뚝딱뚝딱 도깨비방망이를 휘둘러 정림사지 사찰을 짓는다. 순식간에 옛 백제의 모습으로 바뀐다.

백제 도깨비 캐릭터 스케치 ⓒ성은희

　연지에 잠들어 있던 도깨비들도 스멀스멀 기어 나와 도깨비 잔치를 준비한다. 잔치에 손님이 빠질 수 있으랴. 웅진성 무령왕릉의 석수도 초대를 받았다. 모두가 잠든 사이 도깨비들이 사비성에 가득하다. 이제 한바탕 잔치를 시작해 볼까? 모두들 밤 축제 준비에 신이 났다. 화려한 불빛에 빠져있던 석수는 이때다 싶어 어두운 왕릉을 밝히려고 도깨비불을 몰래 훔쳐 달아나기 시작했다.
　뒤늦게 이 사실을 알게 된 도깨비들은 해가 뜨기 전에 불을 찾는다고 난리 법석이다. 아슬아슬하게 불을 찾은 도깨비들은 사람들이 깨기 전에 다시 그들의 세계로 돌아간다. 눈이 어두운 석수에게 눈에 좋은 딸기를 주고 도깨비불을 찾아오고 나서야 밤 축제를 무사히 끝낼 수 있었다.

3D캐릭터_백제도깨비와 석수 ⓒ성은희

　한성시대에서 사비시대까지 한 세계관으로 묶어 백제의 익살스러운 도깨비와 요괴들을 등장시켜 여러 이야기를 만들어 보는 건 어떨까 하는 즐거운 상상과 함께 집으로 발걸음을 돌린다.

성은희

3D콘텐츠 기업을 운영하면서 문화재와 인연이 닿았다. 문화재를 다양한 콘텐츠로 제작하는 것 이전에 그 문화재에 대한 내용을 알고자 공부를 시작하고, 우리 지역에 어떤 문화재가 있는지부터 관심을 갖고 찾아보고 있다. 아는 만큼 보인다더니, 자주 지나다니던 길옆에도 출장지 근처에서도 쏠쏠히 문화유산과 만나고 있다. 더 배우고, 더 찾고, 더 관심 갖기를 실천하는 중이다.

design@scoopup.co.kr

무보천석지지, 학하마을 그리고 수통골
無堡千石之地

"엄마 산책가자"

"싫어. 오늘 너무 바빴어. 내일 가면 안 될까?"

"한 번만 봐 줘…."

"안돼. 엄마! 살이 쪄서 못 봐주겠어. 빨리 나와!" 하면서 아이들은 싫다는 나에게 나가자고 졸라댄다.

"엄마 두리뭉실한 뱃살 보면 다섯째 가진 줄 알겠어" 하며 아이들이 깔깔대며 놀려댄다. 난 딸 셋에 아들 하나, 남들이 말하는 대한민국의 애국자다. 애국하는 아이들로 키우려는 욕심에 밤낮으로 열심히 뛰며 살았다. 녀석들이 다 키워 놓았더니, 이제는 엄마를 놀린다.

"얘들아, 같이 가."

수통골 저수지 경관

하천을 복개한 도로 옆으로 철조망이 처진 하얀 강아지 떡국이네 집 앞을 지나면, 도시의 건물들이 나타난다. 2006년에 시작한 도시 개발 사업은 탱자나무 울타리의 골목길과 하얀 눈꽃이 만발하던 배나무 과수원과 산책길에 까맣게 익은 오디를 서리하여 먹었던 장소들을 추억으로 남게 했다. 난 개발제한구역 내에 사는 관계로 재개발 변화의 바람에 휩쓸리지 않고, 배밭 한가운데 남겨져 시골 생활을 누릴 수 있는 행운을 얻었다. 우리 가족은 학하다리를 시작으로 천변을 따라 수통골 주차장까지 운동겸 산책을 자주 한다. 정비된 하천을 따라 많은 사람들이 운동을 나온다.

4월, 천변을 따라 하얀 싸리꽃, 노랑 개나리, 연분홍 벚꽃들이 흐드러지게 피어서 얼마나 예쁜지 모른다.

"엄마, 엄마, 바람이 부니까 꽃비가 내려…."

아이들은 떨어지는 벚꽃 잎을 잡아 보겠다고 뛰어다닌다.

즐비하게 늘어선 오투그랑데 아파트 반딧불교 다리 밑에서, 작은 텐트를 치고 도시락을 싸 왔는지 돗자리를 펴 놓고 놀고 있는 가족들이 즐거워 보인다. 아직은 물이 찬데도 아이들은 물고기를 잡아 보겠다고 첨벙거리고 놀고 있다. 내가 기억하고 있는 어린 시절 학하다리 밑은 내리쬐는 햇빛과 바짝 말라버린 하얀 돌들 뿐이었는데, 이게 어떻게 된 일인가?

수통을 닮아 수통골일까?

수통골은 도를 닦는 도인들이면 한 번씩은 다녀갔을 계룡산의 한 줄기로써 봄, 여름, 가을, 겨울 가리지 않고 많은 사람이 찾는 대전의 명소이다. 골짜기가 물을 담는 조롱박 수통을 닮아서 수통골일까? 아니면 자갈 밑으로 스며든 무궁무진한 지하수를 알아보고 붙여진 이름일까? 학하초등학교를 나온 나는 해마다 봄이고 가을이고 소풍가는 곳이 수통골 골짜기였다. 얼마나 갈 곳이 없었으면 허구헌날 수통골이었을까? 멀기는 또 얼마나 먼지!

꼬마 여자아이 걸음으로 짝꿍과 손잡고, 노래 부르며 수통골 자갈밭까지 도착하려면 두 시간은 걸렸던 것 같다. 뜨거운 땡볕 아래 나무 그늘 하나 없는 골짜기, 하얗고 넓적한 돌 위에 앉아, 딸래미 소풍 간다고 새벽같이 일어나 싸주신 엄마표 김밥을 먹고 나면, 돌 밑에 숨겨 놓은 보물찾기를 하고, 장기자랑으로 몇몇 아이가 노래를 부르고, 집으로 돌아오기 바빴던 기억이다. 선자, 정순이, 경일이, 민호 친구들은 어디서 무얼 하고 있을까? 엄마 아빠가 되어 잘 살고들 있겠지!

1982년 수통골 폭포에서

초등학교 여름방학이 시작되면 수통골 저수지까지 한 시간은 걸어 물놀이를 하고 돌아오고는 했다. 1980년대, 그때는 수영장이나 바닷가에서의 물놀이는 생각지도 못하던 시절이었다. 수통골의 계곡물을 담아 놓은 저수지는 인근의 아이들이 모여서 노는 훌륭한 풀장이었다, 수영을 잘하는 아이들은 제방 위에서 멋지게 다이빙을 하고 놀았고, 나처럼 수영을 못하는 아이들은 물가에서 수영 연습을 하고 놀기에 좋았다. 온몸에 힘을 빼고 가만히 팔을 저으면 물에 뜬다는 걸 터득한 순간 얼마나 기뻤었는지, 놀고 있는 내 모습이 보이는 듯하다. 덕분에 개헤엄을 칠 정도의 수영 실력을 갖게 되어 물장구도 치고, 패를 갈라 싸움도 하고, 한여름 새까만 원숭이가 될 때까지 마냥 좋다고 물놀이를 하러 다녔다.

화산리 뚝방 옆에 사는 친구가 있어서 쉬어가기도 좋았다. 친구 집에는 커다란 돌배나무가 있었는데, 딱딱하고 시금털털한 돌배는 물속에서 깨물어 먹고, 던지고 장난치고 놀기에 재미난 장난감이고 요깃거리였다. 그렇게 놀았던 어릴 적 추억의 장소가 지금은 주말이면 주차장에 차를 댈 곳이 없을 정도로 관광객들이 많이 찾는 명소가 되었으니 믿기지 않는다.

화산리는 순 자갈밭이어서 콩밭, 고구마밭, 배밭밖에 없었다. 옛날에는 아무 것도 할 수 없는 자갈밭이어서 쳐다도 안 보던 땅이었는데, 수통골이 개발되어 관광명소가 되고 나서는 비싸서 쳐다볼 수가 없는 땅이 되었다. 이젠 200원, 300원 할 때 사둘 걸 푸념하는 소리들이 종종 들린다.

맑은 샘물이 솟아나요

학하초등학교 아래 고속도로 다리 밑에는 겨울에도 마르지 않는 샘물이 있다. 이상하게도 물길이 있는 것도 아닌데, 저절로 솟아 또랑을 타고 학하 들녘으로 흘러가서 사계절 벌판을 촉촉하게 적시고는 곡식을 풍성하게 자라게 한다.

문화유산활용론 시간에 수통골 얘기를 했더니, "학하동에도 용천수가 있지요"하고 지리학자 Tom 교수님께서 말씀하시는 순간, '아 그것이 용천수였구나'하고 당장 가보고 싶다는 생각이 들었다.

'정말 지금도 물이 흐르고 있을까?'

학하선상지 용천수 모습들

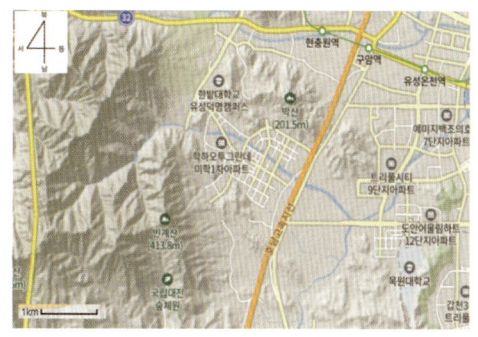
학하선상지(출처 : 네이버지도)

동네 어르신들의 말씀에 의하면 그렇게 솟아나는 물이 8군데 정도 있었는데 많은 곳이 메워지고 3곳 정도가 남아 있다고 한다. 학하 들녘은 조금만 파고 내려가도 지하수를 쉽게 얻을 수 있는 땅이고, 사계절 용천수가 솟아올라 물이 풍부했다. 학하들녘이 '무보천석지지(無洑千石之地)'였던 이유였다. 물을 막는 보가 없어도 천석지기 농사를 지을 수 있다는 뜻이다. 학하 들녘은 제주도처럼 용천수가 솟아오르는 구조를 가진, 우리나라에 몇 군데 되지 않는 '선상지'였던 것이다.

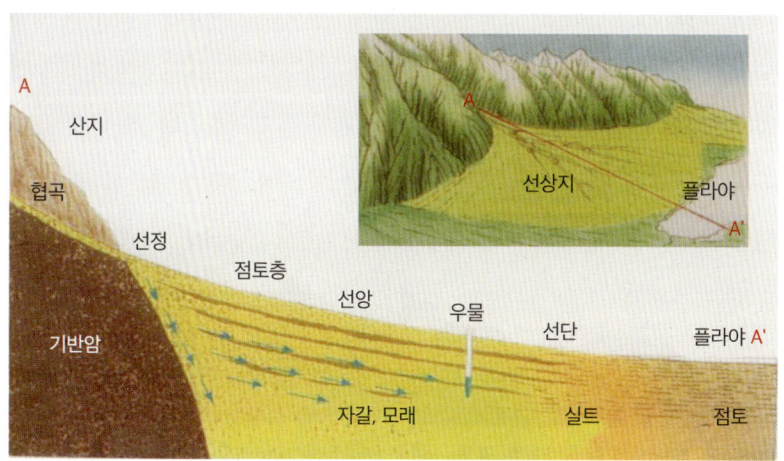
건조 지역의 일반적인 선상지 단면형(Strahler and Strahler, 2005)
(출처: 이광률 저, 이미지로 이해하는 지형학)

수통골 아래 학하마을이 선상지래요?

 학하동 일대는 계룡산의 도덕봉과 금수봉, 빈계산의 골짜기를 타고 오랜 세월 씻겨 내려온 물이 골짜기에는 하얀 돌들만 굴러다니게 하였고, 하천은 늘 메마른 건천을 만들었으며, 부채 모양의 선앙과 선단 사이는 퇴적물이 쌓인 평야를 만들었다, 학하동의 평야는 '멸왜들'이라는 특이한 이름을 가지고 있다. 이름처럼 '왜를 멸한다'는 뜻이다.
 일제 강점기 시절 학하동 평야가 곡식이 잘 되는 무보천석지지(無堡千石之地)라는 소문을 듣고 일본인들이 땅을 많이 샀다고 한다. 그런데 일본인이 경작하는 땅에서는 곡식이 말라 죽고 병이 나서 농사를 지을 수가 없게 되어 끝내는 망하고 떠난다고 하여 붙여진 이름이라 하니, 신기할 따름이다.
 예로부터 학하동은 고구마와 배, 과수원 밭 작물로 유명하다. 선앙 지역에 해당하는 부근에 서 밭농사를 하며 사람들이 많이 모여 살았으며, 개발이 된 지금도 밭을 일구며 땅에서 나온 많은 자갈을 경계에 담장처럼 쌓아 놓아 돌들이 얼마나 많은 땅인지를 알게 해 준다. 수통골 골짜기에서 흘러 내려온 물은 하천공사를 한 지금이니까 오래도록 물이 남아 있지, 옛날에는 억수같이 비가 퍼부어 냇물이 넘쳐흐를 것 같아도 사흘이면 바짝 말라 물을 구경할 수가 없었다. 그래서 하천 이름이 건천이다.
 선상지란 산의 급격한 경사를 따라 빠르게 흐르던 하천이 산 아래의 평지를 만나 유속이 느려지게 되면서 퇴적물들이 쌓여 만들어지는 부채꼴 모양의 지형을 말한다. 산 아래의 평원에 강물에 의해 운반된, 크고 무거운 돌과 자갈 등은 '선정'이라 하는 부채모양의 맨 위쪽에, 작은 모래와 같은 것들은 '선앙'이라 부르는 중간 부분에, 입자가 고운 더 작은 퇴적물들은 그 아래 쌓여서 평야를 이룬다. 부채모양의 끝부분을 선단이라 부른다(한국지리정보연구회, 2006). 그곳에 용천이 발견되기도 한다.

선상지는 경사가 급격히 변하는 지형에서 발달하는데 한반도는 침식을 오랜 기간 받은 노년기 지형이라 대규모로 발달하기 어렵다. 학하선상지가 국내 몇 안 되는 선상지 중 하나인 것이다. 수통골에 대해서 조사하기 전까지는 학하동 일대가 위에서 설명한 것처럼 선상지(이하 학하선상지)에 해당하는 지형인 것을 몰랐다. 왜 이 동네는 자갈이 많고 고구마가 유명한지, 냇물은 저렇게 말라 있는지, 반면 고속도로 아래의 샘물은 왜 사계절 솟아나는지 모른 채 오십 평생을 살았다. 이제부터는 자신 있게 말할 수 있다. "동네 사람들, 그 물은 용천수래요!"하고 말이다.

조선은 예로부터 '농자천하지대본(農者天下之大本)'이라 하여 농사를 최고로 쳤던 나라가 아닌가? 농사를 짓는 사람들에게는 농부라 하지만, 장사로 돈을 버는 사람들은 상것이라 하였다. 그런 나라에서 보를 막지 않아도 천석지기 농사를 짓는 땅이야말로 최고의 명당자리가 아닌가? 학하 들녘이 바로 그런 곳이었다.

자갈밭 위에 들어선 마을들

먹고 살 걱정이 없는 땅에 사람들이 모여들지 않을 수 있었겠는가? 수통골 아래 마을들은 '십승지'로 알려져서 6.25전쟁 때 피난민들이 내려와 산 곳으로 유명하다. 옛날 어른들의 말씀으로는 계룡산에서 50㎞를 벗어나 살지 말라 했다. 아래로는 옥천 금산 정도까지 되며, 대전 일대를 말하는 것 같다. 천재지변과 인재(전쟁, 기근, 역병)로부터 벗어날 수 있는 곳, 십승지 중 한 곳이라는 의미이다. 그래서인지 학하동은 많은 피난민들이 내려와 살았다. 함경도, 평안도, 황해도를 비롯하여 제주도 사람들까지 모여들어 여러 성씨가 함께 살았다. 필자의 외할아버지는 평안북도 강동군 사리원면 장현리에 사셨는데, 정감록을 보시고 난리가 날 것을 알고 6.25 전쟁이 터지기 전에 식솔들을 데리고 소백산 골짜기로 들어가셨다고 한다. 그곳에서 15년을 살다가 이곳 학하동에 터전을 마련하신 것도 그 일화 중에 하나가 아닐까 생각해본다.

수통골 아래 마을은 덕명동, 계산동, 학하동, 복용동으로 나뉘어 있다. 옛날에 불리던 이름으로는 덕명동 일대를 화산리, 계산리, 사기막골이라 불렀고, 학하동은 동네 모양이 학이 내려 앉은 모습을 닮았다 하여 학하동이라 부른다. 계산동이라는 이름이 항상 궁금했다. '그 동네 사람들은 계산을 잘해서 계산동인가' 하는 유치한 생각을 해보기도 했는데, 실은 '닭계(鷄), 산란할산(産)'의 뜻으로 암닭이 알을 낳는 금계포란(金鷄抱卵)형이라는 의미의 지명이었다. 명당 중에 명당이란 뜻이다.

학의뜰 아파트와 오투그랑데 아파트는 옛 지명 계산동에 들어서 있다.

학하선상지의 토지 이용 경관   학하선상지의 당산과 돌탑

그 아랫동네는 마을 한가운데 돌을 쌓아 만든 둥그런 돌탑이 있어서 당산이라고 불렀다. 1990년대까지만 해도 마을에서 제사를 지내던 곳이다. 지금은 예전 둥구나무 밑은 아니지만, 잘 만들어서 놀이터 옆으로 돌탑을 옮겨 놓았다. 지금 오토월드가 들어선 곳은 복용2동인데, 이곳 사람들은 '새터마을'이라고 불렀다. 우리들은 하나의 전설처럼 '저 동네는 언젠가는 새터가 된대. 그게 언제일까?' 궁금해하곤 했다. 내 나이 오십이 넘어 보니 이곳은 정말 새로운 세상이 되었다. 수천 평 대지에 중고차 시장이 들어섰으며, 대전 시내에서 제일 비싼 아파트들이 즐비하게 들어선 곳이 되었다.

현재 자광사 절터에는 우암 송시열이 주소를 옮기고 5년 동안 살았던 흔적으로 서당터가 남아 있다. 송시열(1607~1689)은 조선 후기의 문신

겸 학자이며, 노론의 영수이기도 하다.

"학하동 서당에서는 후학을 양성하기 위하여 밤낮으로 글읽는 소리가 담장을 넘었으리라."

송시열의 제자였지만 진보세력이었던 소론의 영수 윤증(1629~1714)과는 이때는 스승과 제자로서 좋은 관계가 아니었을까 생각해본다. 동국대학교 대학원장을 하며 불경을 한글로 번역한 탄허 스님이 살았으며, 옛 공주군지에는 영조 시대에 어사를 지낸 박문수가 유성 학하리 출신으로 공주 교동52번지에 살았다는 기록이 있다. 현재 복용동에는 박산이라 불리는 고령 박씨 종산에 박문수 어머니, 아버지 묘와 신도비가 있다. 어린 시절 높지 않은 산에 들마루처럼 펼쳐진 상석은 봄철엔 진달래 꽃잎을 따서 돌에 찧어 소꿉놀이를 하기에 좋았고, 커다란 묫등은 하얀 눈이 소복이 쌓인 겨울이면, 비료 포대에 지푸라기를 푹신하게 넣고 미끄럼타기에 좋았던 놀이터였는데, 어사 박문수의 어머니묘였다니 송구스럽기 짝이 없다.

자광사

박문수 부친 묘 앞의 필자

현재 박산은 주민들의 등산코스로 애용되고 있다. 복용동 감나무집 식당 옆으로 가파르게 나 있는 오솔길을 따라 '헉헉' 거리고 올라가다 보면 주변 무덤들보다 조금 큰 박문수 어머님의 묘가 먼저 보인다. 30m 정도 올라가면 아버지 묘도 있다. 그리 높지 않은 산이라 '왜 이렇게 힘들어' 하는 사이에 정상에 다 와 있을 것이다. 다음부터는 내리막이라 도장골 승마장이 있는 곳까지는 쉽게 내려올 수가 있다.

배밭과 고구마밭으로 유명하던 동네가 지금은 딴 세상으로 변했다. 아파트가 즐비하게 들어서고 택지 분양을 받아 많은 시민들이 수통골 주민이 되었다. 2006년부터 2012년까지는 매일 철거와 개발로 시끄럽고 먼지가 날려 속상했는데, 10년이 지난 지금은 사람들이 살아가는 공동체 마을로 제법 자리를 잡았다. 지금은 없어졌지만 자광사 옆에 썬마트(편의점)가 들어섰을 때 5분 거리에 마트가 있다는 것이 얼마나 좋았었는지, 아이들 어릴 때라 아이스크림을 사 먹으러 자주 애용했었다.

학하동에 학의뜰 아파트는 학이 내려 앉은 명당 자리라고 광고를 하였다. 계룡산의 작은 줄기들이 병풍처럼 마을을 품어 안고 학하천이 골짜기를 타고 내려오면 개울에서 아이들이 물장구를 치고 논다. 뚝방을 타고 길게 늘어선 싱그런 나무 그늘은 한여름에도 걷고 싶게 만든다. 자연에 산다는 건 큰 행운인 것 같다.

복용동에 사는 나는 '복이 많은 동네에 사니 복이 많은 사람이예요'라고 말한다. 태어나 내가 제일 잘한 것 중에 하나는 딸 셋에 아들 하나를 낳은 것이다. 결혼해서 10년을 남편 직장 때문에 시내에서 살다가 이곳으로 들어온 지 벌써 20년이 되었다. 막내아들 나이가 19실이다. 아들도 여기에서 태어났다. 복이 많은 동네이고, 평화롭고 살기 좋은 동네이다.

"새로운 터전을 꿈꾸고 싶다면, 무보천석지지(無堡千石之地)를 품은 수통골 우리 마을이 어떠신가요?"

꽃비가 내리는 수통골로 놀러 오세요.

< 참고 문헌 >

최성길, 신희철. 1995. 계룡산지 서쪽의 완사면상 선상지. 한국지형학회

한국지리정보연구회, 2006, 자연지리학 사전, 한올아카데미

이광률. 2020, 이미지로 이해하는 지형학, 가디언북

윤원갑. 2022. 계룡산 학하마을 문화유산 활용에 대한 연구. 공주대학교 문화유산대학원

한국민족대백과 <윤증>

윤석림

유성에서 공주 오는 스쿨버스를 처음 타 보았다. "아줌마는 안 돼요!" 라고 할까봐 약간은 초조한 마음으로 버스에 올랐는데, 아무도 신경 쓰지 않는 것 같아 안심했다. 무용과에 다니는 딸과 먹는 학식을 좋아한다. 오십이 넘어 학생 놀이에 푹 빠져있다.
"딸, 엄마는 너와 함께 이 캠퍼스를 걷고 있다는 것만으로도 웃음이 난단다."
흔들리며 살아왔던 내 삶은 오늘 이 순간을 위한 것이었나 보다.

lim919800@gmail.co.kr

천년을 이어온 대바람소리

대금과의 첫 만남

휘이이 바람이 불면 차르르 대나무잎이 흔들린다. 무더운 여름날, 큰 대나무 숲에 들어가 가만히 숨죽인 채 대나무 사이로 불어오는 서늘한 바람소리를 듣고 있다보면 몸도 마음도 시원해짐을 느낀다. 곧게 뻗은 대나무 사이로 불어오는 바람에 대나무가 흔들리며 날카롭게 울리는 대바람 소리. 국악기 중 대금의 음색을 이 대나무 바람 소리와 비슷하다 하여 대바람 소리라 표현한다.

내가 대금을 처음 접한 건 1992년 중학교를 입학해서였다. 당시 나는 국악에 대해 아무것도 모른 채, 초등학교 담임선생님의 권유로 국립국악학교에 입학했다. 그때는 신입생 모두 국악에 대해 잘 모를 때라 1학년 동안 국악에 대한 기초를 배우고 2학년이 되어서 전공 악기를 선택할 수 있었다. 학교에 입학해서 대금을 처음 보았다.

긴 대금을 어깨에 걸치고 팔을 옆으로 올려 연주하는 모습이 어찌나 멋있어 보이던지. 자세를 잡고 2cm 남짓한 동그란 취구에 바람을 불어넣으면 취구를 중심으로 바람이 갈리며 대금 안으로 입김이 들어간다. 대금 안으로 뿜어진 입김은 내부에서 공명을 하며 긴 관을 지나 심금을 울리는 소리가 되어 대금을 빠져나온다. 이 심금을 울리는 대금 소리의 매력에 어느새 내 마음은 흠뻑 젖어 들어갔다. 그렇게 대금을 전공하겠다는 일념으로 1학년을 보내고 드디어 2학년이 되었다.

전공 악기를 선택하는 시간. 나는 거침없이 대금반 앞에 가서 섰다. 하지만 나 같은 생각을 한 친구들이 이렇게 많을 줄이야. 대금반 앞은 30

명이 넘는 인원으로 북적였다. 전공생은 15명. 가슴이 두근두근 뛰기 시작했다. 경쟁률은 2:1. 하지만 결국 나는 대금을 선택하지 못했다. 당시 대금을 하려면 손가락 사이가 길어야 가능했는데 나는 손가락이 짧아 악기 연주에 적합하지 않았던 것이다.

대금과의 첫 인연은 그렇게 마무리되고, 대신 나는 피리를 전공하게 되었다.

대금과의 두 번째 인연

이후 나에게 있어 대금은 대학을 졸업할 때까지 그저 친구의 전공 악기일 뿐이었다. 그러나 우리의 인연은 끝이 아니었나 보다. 대학을 졸업한 나는 관현악단에 입단하기 위해 매일 레슨실에서 입이 불어 터져라 피리 연습만 했다. 일어나자마자 연습실에 출근해서 해가 질 때까지 연습만 했다. 그렇게 2년 정도 계속 취업을 위한 시간을 보냈다.

그러다 우연히 국립국악원 악기연구소에서 악기 연구를 진행할 연구원을 뽑는데, 마침 국악원에서 일하고 있던 후배의 추천으로 시험을 보게 되었고 자연스럽게 입사하게 되었다. 악기 연주만 하던 나에게 국악기 연구는 전혀 새로운 분야에 대한 도전이었기에 설레임과 걱정이 가득했다. 입사 첫해에 맡은 연구사업은 '국악기 제작과정 조사'였다. 그 첫 악기로 대금이 채택되었다. 얼떨결에 대금과의 두 번째 인연이 시작되었다.

천년을 이어온 악기

> 신문왕이 아버지 문무왕을 위하여 동해가에 감은사(感恩寺)를 지었다. 682년(신문왕 2)에 해관(海官)이 동해안에 작은 산이 감은사로 향하여 온다고 하여 일관으로 하여금 점을 쳐 보니, 해룡(海龍)이 된 문무왕과 천신이 된 김유신(金庾信)이 수성(守城)의 보배를 주려고 하니 나가서 받으라 하였다. 이견대(利見臺)에 가서 보니, 부산(浮山)은 거북 머리 같았고 그 위에 대나무가 있었는데, 낮에는 둘로 나뉘고 밤에는 하나로 합쳐졌다. 풍우가 일어난 지 9일이 지나 왕이 그 산에 들어가니, 용이 그 대나무로 피리를 만들면 천하가 태평해질 것이라 하여, 그것을 가지고 나와 피리를 만들어 보관하였다.
>
> 나라에 근심이 생길 때 이 피리를 불면 평온해져서, 만파식적이라 이름을 붙였다. 그 뒤 효소왕 때 이적(異蹟)이 거듭 일어나, 만만파파식적(萬萬波波息笛)이라 하였다.
>
> - 삼국사기 중에서 -

이처럼 만파식적이 대금의 유래로 알려져 있지만 그 전에도 삼죽(대금, 중금, 소금)의 존재는 있었다. 만파식적보다 더 오래되었다는 이야기다. 삼국시대, 고려, 조선을 거쳐 지금까지 연주되고 있는 대금은 천년을 이어온 우리의 악기다.

대금의 역사를 공부하고 이후 대학교 선배 중에 대금 연주자이면서 대금을 제작하는 분이 있어 그분께 1년간 대금의 제작 방법을 배우고 정리하게 되었다. 제작방법을 배우고 혼자서 직접 제작을 연습하던 중 지금의 나를 있게 만든 큰 인연을 만나게 되었다. 우연히 만난 그 분도 대금 제작자인데, 직접 대금 재료인 쌍골죽을 캐어 대금을 만드는 오선생님이었다.

국악기 제작은 재료만 취급하는 재료상이 있고, 재료상에게 재료를 구입해 제작하는 이들이 많았다. 하지만 선생님은 직접 재료를 마련해 악기를 제작했다. 대금 재료인 쌍골죽을 캐는 법을 직접 가르쳐준다는 말에, 한겨울 선생님을 따라 대나무 지옥에 입장하였다.

돌연변이 대나무 쌍골죽

대금의 재료는 대나무이다. 하지만 일반적인 대나무는 아니고 쌍골죽이라고 하는 돌연변이 대나무이다. 일반적인 대나무는 속이 비어 있고 마디의 한 쪽에만 골이 패여 있다. 하지만 쌍골죽은 마디의 양쪽에 골이 파여 있으며 이로 인해 속이 꽉 차 있다. 쌍골죽은 대나무의 종류가 아니라서 여러 종의 대나무에서 발견되지만, 대금 재료는 왕죽의 쌍골죽이다.

처음부터 대금을 쌍골죽으로 제작했던 것은 아니다. 예로부터 쌍골죽은 재수 없다고 여기고 보이는 족족 다 베어버렸다고 한다. 그러던 것이 제작 기술의 발달로 인해 최고의 재료가 되었고, 제작에 쓰이기 시작한 것은 채 백 년이 되지 않는다.

 쌍골죽이 생기는 이유는 아직 과학적으로 명확히 밝혀진 바가 없다. 다만 대나무는 뿌리가 확장하며 번식하는데, 그 과정에서 땅 위로 드러난 뿌리에서 자라난 대나무가 쌍골죽이 된다는 학설이 있다. 실제로 쌍골죽은 대밭에서 골짜기처럼 경사진 곳, 대밭의 가장자리에서 많이 발견되고 있다. 쌍골죽은 최소 2년 이상 자란 대나무를 써야 한다. 1년생은 속이 아직 영글지 않아 살이 덜 차 있는 경우도 있어서 최소 2년 이상 묵은 쌍골죽이 좋다. 대밭의 가장자리에서 발견한 쌍골죽은 번식을 위해 새로 자라나는 1년생일 확률이 커서 잘 쓰지 않는다.

 묵은 쌍골죽을 캐기 위해서는 대나무밭을 가야 한다. 대나무는 주로 따뜻한 곳에서 자라는데 우리나라에서는 지리산 이남 지역과 강원도 일대를 서식 지역으로 본다. 최근에는 평균기온이 조금씩 올라가고 있어서 분포지역이 북쪽으로 올라오고 있다. 다만 개발로 인해 많은 대나무밭이 없어지고 그로 인해 쌍골죽도 희귀해졌다. 최근에는 쌍골죽을 쓰지 않는 일본이나 중국에서 재료가 수입되고 있다.

 그렇다면 쌍골죽은 왜 대금을 제작하는 최고의 재료로 여겨지는 것일까. 일단 속이 꽉 차 있다는 것이 가장 큰 이유다. 좋은 악기는 정확한 음정과 선명한 음색을 가져야 한다. 그 조건을 맞추기 위해서는 내경을 균일한 크기로 뚫어야 하는데 그 점에서 쌍골죽은 최고의 가치를 가진다. 속이 비어 있으면 내경을 균일하게 제작하기 어렵지만, 속이 꽉 차 있으면 내가 원하는 크기로 균일한 지름으로 구멍을 뚫을 수 있다.

일반 대나무   쌍골죽

대나무 감옥에 갇히다

대나무 종류 중에서는 왕죽의 쌍골죽을 대금 재료로 쓴다. 왕죽은 주로 경상도와 전라도에 많이 분포한다. 쌍골죽을 캐기 위해서 산이나 사람의 손길이 닿지 않은 시골 작은 집 뒤편 대나무밭을 뒤지기도 한다.

대나무를 채취하는 시기는 주로 11월부터 3월까지이다. 이 시기는 나무들이 겨울을 나기 위해 몸체에 최소한의 수분을 남기고 나머지 수분은 땅으로 내려보낸다. 수분의 함량이 중요한 이유는 대금을 제작할 때 대나무를 바르게 펴기 위해 열을 가하게 되는데, 이때 대나무에서 수분이 빠진다. 수분이 적을 때 채취한 대나무는 수분이 빠져도 수축이 적어 대나무 자체가 변하지 않는다. 여름에 수분이 많은 대나무를 가열하여 수분과 기름을 빼면 수분이 빠진 자리가 수축해서 쭈글쭈글해진다.

한겨울 쌍골죽을 캐기 위해 찾은 대밭은 나의 예상을 뒤집어버렸다. 나무가 듬성듬성 있고, 사이로 시원한 바람이 부는 멋진 풍경은 없고, 너무 빽빽해 들어갈 틈도 안 주는 그런 밭이었다. 일단 밭 주위를 한 바퀴 돌며 진입할 공간을 찾기 시작했다. 진입을 해도 앞으로 나가는 것조차 쉬운 일이 아니다. 위아래 지그재그로 나무를 훑으며 밭의 끝까지 직진한다.

  대나무밭에 들어가면 대나무의 골을 보기 위해 나무 밑동만 보고 이동하는데, 이때가 제일 위험하다. 일단 사람의 손이 타지 않은 대나무밭은 죽은 대나무들이 쓰러지고 꺾여 이동하기가 어렵다. 놀이터의 정글짐은 대나무밭 내부에 비하면 아무것도 아니었다. 대나무는 여러 방향으로 쓰러져있고 겨울의 대밭은 눈이나 비로 인해 너무 미끄러웠다. 꺾인 대나무 밑동은 죽창처럼 날카로워 발이 미끄러지거나 잘못 디디면 밑동에 찔리기 일쑤였다. 경사가 심해도 대나무의 매끄러운 표면은 잡고 의지할 여지도 주지 않았다. 눈높이 정도의 대나무 가지에 눈이나 얼굴이라

울창한 대나무밭 내부

도 쏠리는 순간에는 너무 따가워 눈물을 쏙 뺀다. 이건 대나무밭이 아니라 그냥 감옥이었고, 지옥이었다. 하지만 그런 고난을 뚫고 쌍골죽을 발견하는 순간, 고생은 한순간에 잊힌다.

쌍골죽

진짜 고난의 시작

 쌍골죽을 찾았다고 해서 끝이 아니다. 대금의 머리는 쌍골죽의 뿌리 부분이다. 멋진 악기를 만들려면 땅속에 묻힌 뿌리를 상하지 않게 캐야 한다. 쌍골죽 주위로 10cm 정도 여유를 두고 산삼을 캐듯 주변 땅을 판다. 그렇게 파 내려가다보면 얼기설기 얽힌 대나무 뿌리가 드러난다. 질기고 두꺼운 뿌리들을 일일이 톱으로 조심조심 자르고, 좌우로 살짝 흔들면서 아래쪽 뿌리도 잘라낸다. 이 과정이 대략 30분 정도 걸린다.

 쌍골죽 하나를 캐고 나니 탈진하기 직전에 달한다. 이때가 제일 위험하다. 캐낸 쌍골죽을 고이 모셔 대나무밭을 헤쳐 밖으로 나가야하기 때문이다. 힘을 남겨놓지 않으면 대나무밭에 갇혀 위험해질 수 있다. 대나무밭은 바깥보다 기온이 더 낮아 쌍골죽을 캐면서 올라갔던 체온이 급격히 떨어진다. 그래서 항상 대나무밭을 갈 때는 혼자 가면 안 되고, 긴급사태에 연락 가능한 휴대폰과 간식을 가방에 꼭 챙겨야 한다.

대금 제작은 과학과 수학

 힘겹게 채취한 쌍골죽은 이듬해 봄, 악기로 제작한다. 쌍골죽에 열을 가해 기름과 수분을 제거하고, 휘어진 부분을 바르게 편 후 구멍을 뚫는다. 악기 내부가 입김에 썩지 말라고 페인트칠을 한 후 마감을 한다. 대금 제작에 있어 모든 공정이 중요하겠지만, 가장 중요한 부분은 쌍골죽을 바르게 펴고 음정을 결정하는 지공을 올바른 위치에 뚫는 것이다. 지공의 위치가 중요한 이유는 지공의 간격이 악기의 음을 결정하는 구멍이기 때문이다.

　서양음악에서 사용하고 있는 7음계의 기원은 그리스 수학자 피타고라스에 의해 만들어졌다. 피타고라스가 산책을 하다가 대장간의 망치 두드리는 소리를 듣게 됐는데 여러 명이 두드린 망치 소리가 잘 어울리기도 하고 어울리지 않기도 했다. 그걸 보고 망치의 무게 비율을 연구해 음계를 만들었다고 전한다. 이후 현(絃)으로 많은 실험을 한 그는 음정의 옥타브 차이가 1:2라는 걸 알아냈다. 60cm의 현을 잘라 30cm를 만들면 한 옥타브 높은 음이 나고 반대로 120cm로 늘리면 한 옥타브 아래의 음이 나는 것이다. 이 실험으로 피타고라스는 1:2인 옥타브와 2:3의 완전 5도, 3:4인 완전 4도를 완벽한 비율이라고 했다. 이를 따라 2:3비율인 5도씩 높여가며 음의 위치를 찾아냈다. 도에서 5도를 높여 '도레미파(솔)', '솔라시도(레)', '레미파솔(라)', '라시도레(미)', '미파솔라(시)', '시도레미(파)' 이렇게 음정을 만들어냈다.

　그렇다면 우리나라 음계는 어떻게 만들었을까? 이를 설명하자면 세종대왕을 찾아야 한다. 세종대왕은 조선시대 최고의 왕으로 한글과 수많은 발명품을 만들었다. 그리고 절대음감의 소유자였으며 국악 분야에 있어서도 큰 성과를 남긴 왕이다.

　그에겐 유명한 일화가 있다. 세종 7년, 경기도 남양에서 질 좋은 경석을 발견하게 되어 박연과 맹사성 등이 이를 가지고 중국의 석경보다 좋은 편경을 만들어 세종 앞에서 시연을 하게 된다. 이때 세종대왕이 "지금 소리를 들으니 또한 매우 맑고 아름다우며, 율(律)을 만들어 음(音)

을 비교한 것은 뜻하지 아니한데서 나왔으니, 내가 매우 기뻐하노라. 다만 윗줄 맨 왼쪽에 있는 돌의 소리가 약간 높은 것은 무엇 때문인가"라고 하였고 박연이 세종이 지적한 편경의 돌을 살펴보니 그 돌만 먹줄 1줄 두께만큼 차이가 있었다고 한다.

이만큼 절대음감이던 세종대왕은 한국식 악보인 '정간보'라는 기보법을 만들었으며 중국에서 수입한 아악과 당악을 정비했다. 그리고 박연을 시켜 음악의 정비를 명했는데 악기를 정비하기 위해서는 정확한 음정의 기준을 만들어야 했다. 이를 위해 율관을 제작했다. 율관은 불어서 음을 알 수 있는 관으로 황종율관을 기준으로 다른 음들을 만들어냈다. 황종율관은 고대사상에 입각해 상징적인 의미를 지니는 9를 선택하여 1척의 9/10인 9촌(寸)으로 정하고 제작했다. 황종율관은 모든 율관제작의 모체로써 음정뿐 아니라 사회생활의 기본인 도량형의 기준이 되기도 해서 율관의 제작은 매우 중요하게 여겼다.

옛 문헌인 한서(漢書)에는 곡식 기장 한 알의 폭을 1푼(分)으로 하고 기장 90알을 일렬로 늘어놓아 그 길이를 황종율관의 기준으로 삼았다고 했다. 세종대왕이 박연에게 황종율관의 제작을 명했을 때 조선의 기준에 맞춰 황해도 해주지방의 기장 90알로 율관을 제작했는데 해주산 기장이 중국보다 낟알의 크기가 작아 실제 음정이 중국보다 높아지게 되었고 다시 제작할 때는 중국과 맞게끔 밀알의 낟알로 조정하기도 했다고 한다.

12율관

    이렇게 황종율관을 제작하면 이를 바탕으로 다른 12율을 만들 수 있다. 서양에서는 피타고라스가 5음씩 높여 음을 만들었다면 조선시대에는 삼분손익법으로 음을 만들었다. 삼분손익법은 음을 3등분하여 더하거나 빼서 음을 만드는 방법으로 중국과 국악에서 음을 만들기 위해 쓰였던 방법이다.

    기준이 되는 황종(도)율관을 3등분하여 그중 하나를 빼면 이것을 삼분손일(三分損一)이라 한다. 이렇게 하면 임종(솔)이 만들어진다. 이것을 다시 3등분하여 1/3을 더하면 이것은 삼분익일(三分益一)이라 하고 이렇게 하면 길이가 임종음의 4/3이 태주(레)가 만들어진다. 태주를 다시 3등분하여 하나를 빼면 남려(라)가 만들어지고 이를 다시 3등분하여 하

191

나를 더하면 고선(미)가 만들어진다. 이렇게 계속 반복하면 12개의 음이 만들어진다.

서양	도	도#	레	레#	미	파	파#	솔	솔#	라	라#	시
동양	황종	대려	태주	협종	고선	중려	유빈	임종	이칙	남려	무역	응종

동·서양의 음이름

 이렇게 서양과 동양은 음을 만드는 방법이 다른 것처럼 보이지만 원리는 같다. 피타고라스의 음계에는 삼분손일만 있고 삼분익일은 없다. 피타고라스는 현을 사용했고, 우리나라는 관을 사용했다는 차이가 있다. 이렇게 음을 만드는 방법을 이용하여 악기를 제작하게 되는데 이 원리를 가장 잘 적용한 것이 바로 서양의 '팬플룻'과 국악의 '소'이다. '소'는 틀이 없는 '배소'와 틀이 있는 '봉소'로 나뉜다.

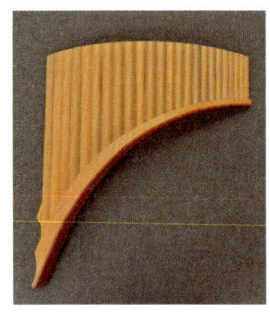

팬플룻

배소

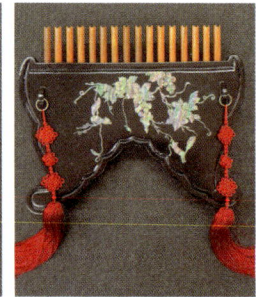

봉소

대금

    대금 제작에도 이 음을 만드는 원리가 숨어있다. 대금에는 손가락을 막아 음을 만드는 지공(指孔)이 있는데 지공을 막게 되면 열린 지공까지의 길이에 맞는 음이 연주된다. 이는 율관의 길이에 따라 음이 달라지는 제작원리가 숨어있다. 대금을 하나의 율관이라고 생각하면 지공을 막아 취구부터 지공까지의 거리가 멀어질수록 율관의 길이가 길어져 낮은 음이 난다. 리코더를 생각하면 쉽게 알 수 있다. 리코더를 다 막고 불면 취구부터 지공을 다 막은 리코더의 길이가 '도'가 되고, 아래 손가락 하나를 떼게 되면 그 전에 막았던 '도'자리의 지공까지 길이가 '레'가 된다. 이렇게 우리가 아무 생각없이 불었던 악기에도 이런 수학과 과학의 원리가 숨어있는 것이다.

좋은 음악은 좋은 악기와 좋은 곡, 좋은 연주자가 만나야 된다고 했다. 연주자가 내가 만든 악기를 사용하여 멋진 음악을 연주할 때면 정말 기분이 좋고 보람된다. 이를 위해 나는 다가오는 겨울이 되면 또 대밭을 누비고 있을지도 모르겠다. 그때가 되면 또 들리겠지. 대나무 가지를 흔들며 스삭이는 천년을 이어온 대바람 소리가.

윤권영

국립국악원에서 관악기 연구를 맡고 있다. 국악기의 음향발생 원리와 제작과정 등을 조사하고 연구하며 여러 악기들을 제작하고 있다. 국악을 전공하였기에 국악을 문화유산의 관점에서 바라보고 그 안에 숨어있는 여러 이야기들을 콘텐츠로 제작해 많은 사람들에게 국악을 알리고 싶다.

yoonky44@naver.com

한복은 사랑입니다

문화유산과 한복의 연관성을 생각하며 잠시 지난 추억에 빠져본다. 유난히 백합꽃과 은방울꽃을 좋아하고 바느질을 좋아했던 필자의 30여 년 전 추억으로 타임머신을 돌려보려고 한다.

필연이었을까?

꿈 많았던 고교 시절 여학생들의 필수 코스였던 가정 시간 때 '아빠 회갑 잔치 때 병풍을 만들어 드려야지' 하는 마음으로 6폭 병풍에 한 땀 한 땀 수를 놓는 작업을 했다. 우리의 전통 생활소품들로 구성된 6폭짜리 병풍 수, 정말 시간 가는 줄 모르고 밤을 새워가며 수를 놓다가 아침에 늦잠을 자서 학교에 늦을까 봐 발을 동동 구르던 시간들, 대학생 때 꽃꽂이를 하며 꽃과 나무 등 자연의 색에 흠뻑 빠져 있던 시절, 누가 시켜서 한 일이 아니기에 참 즐겁고 행복한 맘으로 6폭 병풍이 완성되고 꽃꽂이 사범 자격증에 혼신을 불태웠던 기억들이 나를 미소 짓게 한다. 지금 생각해도 참으로 뿌듯한 마음 가득하다.

고등학생 시절 가정 시간에 손수 마무리한 6폭 병풍수

우리 옷 한복(韓服)과의 운명적인 만남

결혼하고 보니 시댁 형님 두 분께서 한복집을 운영하고 계셨다. 그때까지만 해도 한복과 나의 인연이 이리 길게, 이리 깊게 이어지리라고는 생각하지 못했다. 가끔 형님네 한복집을 놀러 갔고 바쁠 때는 가서 도왔고, 행사가 있을 때 부탁을 받아 꽃꽂이를 종종 해드리곤 했다. 시댁 큰형님께서 "자네 꽃꽂이는 다른 사람과 달라. 색감도 좋고 손재주가 남다른 거 같아"라며 칭찬을 하셨고 얼마 지나지 않아 한복을 한번 해보지 않겠냐며 제안을 하시기도 했다.

하지만 나는 "제가 한복을요?"라며 반문했다. 사실 그동안 나와 한복은 아무런 연관성이 없는 줄 알았다. 그러다 어느 날부터인지 서서히 형형색색의 다양한 한복 원단들이 눈에 들어오기 시작했고 그렇게 한복과의 사랑이 시작되었다. 한복의 아름답고 귀한 색감과 우아한 선뿐 아니라 우리나라 전통 복식에서만 느낄 수 있는 것으로 평면적인 디자인이 입어서 입체적으로 완성되는 한복의 매력을 발견하면서 나는 한복과 전통 문양의 아름다움에 빠져버렸다.[1]

매장에 비치되어있는 다양한 한복 원단들로 붉은 색이라 해도 같은 붉은 색이 없고 사람의 눈에 따라 다르게 느껴진다.

2015년쯤으로 기억된다. 박광훈 복식박물관에서 대학 은사님이신 김기상 교수님의 어머님이시자 서울시 무형문화제 11호이신 침선장 박광훈 선생님의 기증물품(복식, 장신구, 직물)을 전시하고 있었다. 관람 후 교수님 사무실에서 제작 중인 다양한 작품들을 둘러보게 되었다. 그때 나의 눈에 운문단[2]이 들어왔다. 늘 보아왔던 문양이었지만, 그날 만난 운문단이 얼마나 내 가슴을 설레게 하고 콩콩 뛰게 했는지 모른다. 그 뒤로 나의 전통한복 원단 사랑은 더욱 깊어지기 시작했다.

너무나 설레었던 운문단의 추억 / 성신여대 박광훈복식박물관에서

한복의 거장, 고 이영희 선생님과의 추억

나는 다른 이보다 다소 늦은 나이에 우리 옷 한복으로 전통을 지키는 파수꾼이 되어 한복디자이너의 길을 걷고 있다. 한국의 복식을 공부했고 현대의 패션을 공부했고 지금은 공주대학교 문화유산대학원에 입학하여 문화유산과 더욱 가까워지는 시간을 갖고 있다. 2015년 가을, 군에서 휴가를 나온 아들과 평소 존경하던 고 이영희[3] 선생님을 찾아뵈었다.

그때 나는 선생님께 "저는 너무 늦은 나이에 한복을 시작했어요" 말씀 드리니 "나는 당신보다 더 늦게 시작했지, 걱정하지 말고 우리 옷을 더욱 발전시키고 지켜 나가주세요"라고 말씀해주셨다. 내가 이영희 선생님을 좋아하게 된 건 2008년 서울의 한 패션쇼가 계기가 되었다. 선생님의 한복 패션쇼를 보면서 선생님의 한복 사랑을 닮고 싶다는 생각을 했다. 오늘 왠지 그분이 더욱 그리워진다. 생각해보니 만나야 될 사람은 꼭 만나게 된다는 이야기처럼 그동안 필자는 한복이라는 단어, 우리 문화유산이라는 단어들과의 만남을 위해 그동안 그렇게 돌고 돌은 게 아니었을까 생각해본다.

이영희 선생님과의 추억(2015.10.7)

부산 APEC정상회담 두루마기(故이영희 한복디자이너의 작품)-ⓒ한국학중앙연구원

국가무형문화재 <한복생활>

2022년 7월 20일 '한복생활'이 국가무형문화재에 등록되었다. '한복생활'은 오랜 역사와 전통 속에서 다양한 형태로 지속하여 왔으며, 우리 민족의 정체성과 가치를 대표해 온 전통생활 관습이자 전통 지식이다. '한복생활'은 바지·저고리 또는 치마·저고리로 이루어진 2부식 구조, 옷고름을 갖추고 있는 한복을 지어, 예절·격식·형식이 필요한 의례·관습·놀이 등에 맞춰, 치마-저고리, 바지-저고리 착용 순서에 따라 입고 향유하는 문화를 뜻한다. 가족 공동체를 중심으로 전승되고 있는 '한복생활'은 설·추석 명절뿐만 아니라 돌잔치·결혼식·상장례·제례 등 일생 의례를 통해서도 여전히 행해지고 있는데, 점차 그 빈도와 범위가 줄어들고 있으나 반드시 예(禮)를 갖추는 차원에서 갖춰 입는 그 근간은 지금까지도 꾸준히 유지·전승되고 있다.

근대적 산업화가 이루어지기 전에는 주부들이 손수 바느질해서 옷을 지어 입거나 수선하여 입는 것이 일반적이었다. 특히, 설이나 추석 같은 명절이면 새롭게 원단을 장만하여 옷을 지어 입었는데, 이를 각각 '설빔·추석빔·단오빔'이라 하였고 이처럼 계절이 바뀌는 명절에 필요한 옷을 장만하여 가족의 건강과 안녕을 기원하였다. 이처럼 '한복생활'은 우리 민족에게는 단순한 의복이 아니라 가족 공동체의 안녕을 기원하고, 예를 갖추는 중요한 매개체이기에 매우 중요한 무형적 자산이다.

한복은 고구려 고분 벽화, 신라의 토우(土偶), 중국 측 사서(史書) 등 관련 유물과 기록을 통하여 고대에도 착용했음을 확인할 수 있다. 삼국 시대는 바지·

저고리 또는 치마·저고리로 이루어진 우리 민족 복식의 기본 구조가 완성된 시기이며, 우리 고유의 복식 문화를 기반으로 변화·발전하면서 조선 시대에 이르러 우리 복식의 전형을 확립하였다. 1900년 4월 <문관복장규칙>이 반포되어 문관들이 예복으로 양복을 입게 되면서부터는 수천 년간 내려오던 한복문화가 한복·양복의 혼합문화로 전환되었다.

한복이란 용어는 개항(1876년) 이후 서양 문물로 들어온 양복과 우리 옷을 구별하기 위해 사용한 것으로 알려져 있으나, 정확히 누가 언제 처음 사용했는지는 특정하기 어렵다. 다만 1881년 『승정원일기(承政院日記)』 기사에서 '조선의(朝鮮衣)', 1894년 일본 신문 기사의 '한복'을 통해 한복이 당대에도 우리 민족의 생활문화·사회구조·민족정신을 담고 있던 것으로 파악된다.

19세기 말 서양식 의복 도입으로 인해 우리 고유의 의생활에도 변화가 생겨 일상복은 간편함과 실용적인 서양식 의복으로 대체되고, 한복의 형태는 크게 간소화되고, 그 쓰임도 의례복으로 일부 축소되었다. 그러나 현재까지도 의례별로 예를 갖추는 차원에서 갖춰 입는 그 근간이 유지되고 있다. 이처럼 '한복생활'은 ① 오랜 역사를 가지고 한반도 내에서 전승되고 있다는 점, ② 고구려 고분 벽화, 신라의 토우(土偶), 중국 측 사서(史書) 등 관련 유물과 기록이 확인되는 점, ③ 역사·미학·디자인·패션·기술·경영(마케팅)·산업·교육 등 전방위적으로 학술연구가 왕성하고 앞으로도 학술

연구 자료로서의 가능성이 큰 점, ④ 가족 공동체를 중심으로 현재에도 의례별로(명절·일생의례) 예를 갖추는 차원에서 갖춰 입는 그 근간이 지속·유지되고 있는 점, ⑤ 현재에도 생산 주체, 연구기관, 가족 공동체 등 다양한 전승 공동체를 통하여 한복을 착용하는 등 '한복생활' 관련 전통지식이 전승·유지되고 있는 점에서 국가무형문화재로 지정할 가치가 있다고 평가받았다. '한복생활'은 한반도 전역에서 온 국민이 전승·향유하고 있는 문화라는 점에서 이미 지정된 '김치 담그기', '장 담그기' 등과 같이 특정 보유자와 보유단체는 인정하지 않는 공동체종목으로 지정하였다.4)

- 출처 : 문화재청 -

새로운 도전 원단 개발

지난 5월 초 문화체육관광부와 (재)한국공예디자인문화진흥원에서 우리의 전통문화유산인 한복 고유의 고아한 멋과 미감을 되살리고 가치를 계승함과 동시에 전통한복 창작 활동의 저변을 넓히기 위한 전통한복 개발 참여 디자이너 모집 공모가 있었다.

2022 전통한복개발포스터

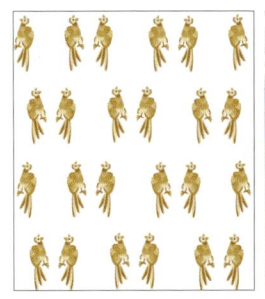 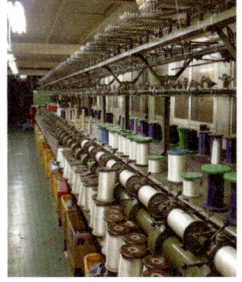 

개발원단 일러스트(작가:홍성준)와 진주 원단공장

　국산소재 원단 개발 참여 기회를 제공하고 개발원단을 활용한 전통한복과 일생의례복 개발 및 제작을 하게 된다는 내용이었다. 그중 나의 관심을 사로잡았던 것은 바로 '원단의 개발'. 그러나 선정 인원이 5명뿐이라 과연 선정될 수 있을까 걱정이 앞섰다.

　그렇지만 요즘 문화유산을 공부하며 그렇지 않아도 각종 문양들에 관심이 많은 터였는데 이는 정말 하늘이 내게 준 선물 같았다. 그러나 한 번도 공모라는 것을 해보지 않은 필자로서는 두려움도 많았다. 정성껏 그동안 내가 만들어왔던 복식들과 나의 열정과 문양들에 가졌던 관심들을 정성들여 공모에 참여하였고 너무나 감사하게도 고대하고 고대하던 전통한복원단개발 참여디자이너 선정이라는 선물을 받게 되었다. 그때의 기분이란 정말 온 천하를 다 가진 기분이었다.

　그 후로 진주 원단 공장도 둘러보고 각종 원단들이 제작되는 과정도 확인하며 개발에 매진하였다. 처음 해보는 과정이라 어설프고 힘들었지만, 새로운 것을 개발해 볼 수 있다는 것에 상당히 고무되었다. 드디어

개발된 원단 연화문은주(동명실크) 꿩 문양을 모티프한 디자인(비이제이실크)

원단 개발이 완성되어 내가 맡은 혼례의상을 제작하는 과정에 있으며 내년 1월에는 전시기획까지 예정되어 있다. 그날이 너무나 기대가 된다.

올해의 또 다른 도전은 한복상점에 참가한 것이다. 생활한복이 대부분 참가하는 한복박람회장에 전통한복을 가지고 참여한다는 것은 나에게 커다란 모험이었다. 그러나 현장에서 한복을 사랑하고 좋아하는 젊은 사람들이 인산인해를 이루는 모습을 보며 많은 감동을 받았다.

 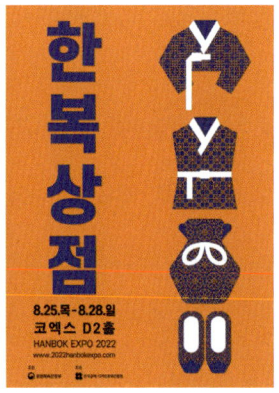

서울 코엑스 한복상점에서 2022 한복상점 로그
한복을 사랑하는 친구들과 함께

하지만 생활한복과 전통한복과의 온도 차가 크다는 것 또한 느낄 수 있었다. 우리의 한복이 일상 생활속에서 은은한 맵시로 자리매김할 수 있기를 바라며 국가무형문화제인 한복생활이 다양한 행사들로 인해 한 발 더 우리 문화를 알리는 데 기여해 주길 바라본다.

조은아 한복패션쇼, '한복의 섶'

2022년 9월 23일 세종예술의 전당에서 전문예술창작지원사업의 일환으로 한음오페라단과 우리 가곡과 무용, 그리고 조은아 한복패션쇼를 주제로 하는 추월동락 '한복의 섶' 패션쇼 공연이 있었다. 오페라단, 무용수, 기악의 드레스 코드는 물론 한복 패션쇼뿐만 아니라 공연의 전 과정이 모두 한복이었다.

한복의 섶 한복패션쇼(세종 예술의 전당) / 한음오페라단과 함께

징이 울리자 유혜리 단장의 태평무와 함께 김순자 예술가의 한글 캘리 퍼포먼스를 시작으로 1부 공연이 시작됐다. 1부는 '추월'이라는 주제로 우리 가곡과 무용수가 호흡을 맞췄고 2부는 '농월'로 연주에 맞추어 한복 패션쇼가 진행되었다. 한복의 기본인 치마와 저고리를 기본으로 예를 갖추어 입는 당의, 혼례복, 대례복 등 22명의 모델들이 패션성을 가미하여 디자인된 한복으로 워킹을 선보였다.

3부 '동락'은 1부와 마찬가지로 가곡과 무용의 아름다운 선을 표현했다. 한국의 서정적이고 아름다운 노래와 춤, 그리고 우리 옷 한복의 콜라보에 많은 분들이 함께 해 주시고 응원해 주시고 감동이었다는 표현을 해주셔서 얼마나 감사했는지 모른다.

이 자리를 빌려 공연을 기획하고 연출한 한음오페라단 임현랑 단장님과 멋진 음악과 성악의 단원분들, 그리고 아름다운 춤사위의 유혜리 무용단, 한글캘리를 멋지게 장식해 주신 김순자 선생님, 아름다운 목소리로 전체를 아우르신 이선경 선생님, 그리고 원활한 진행을 위해 애쓰신 김현미 선생님과 모든 스텝 분들께 감사 인사를 드린다.

한복의 섶 포스터와 공연 모습

나의 트레이드마크와 한복의 미래에 대한 꿈

나는 그동안 전통한복의 패션성과 한복과 우리 민족의 다양한 문양들, 사군자, 산수화 또는 일월오봉도, 봉황 등 한복과 우리 문화를 융합시키는 과정들을 진행해 왔고, 요즘에는 한복과 서양의 콜라보로 고흐의 작품인 명작 해바라기와 별이 빛나는 밤에, 밤의 카페 테라스도 한복과 접목시키기도 하였다. 나의 작은 소원이지만 우리 한복이 널리 알려졌으면 하는 나비효과를 기대해서라고 할까? 요즘 우리는 민족 대명절에도 한국의 전통복인 한복을 입는 사람들을 찾기가 어려워졌다. 한복이 불편하고 답답하다는 이유로 한복을 소홀히 하고 입기를 꺼려하고 있다. 오히려 우리나라보다 외국에서 한복에 더욱 관심을 갖고 좋아해 주니 참으로 웃픈 일이 아닐 수 없다. 몇 년 전 프랑스에서 열린 한복패션쇼에서 웨딩 한복을 선보인 적이 있다.

대례복을 모티브로 한 디자인(모델 : 박가연)

한복 웨딩드레스(모델 : 김연경)

그때 인연을 맺은 모델친구는 나를 '한국 엄마'라고 부르며 현재 한국어 공부를 하고 내년에는 한국어학당으로 공부하러 온다는 소식을 전해왔다. 그만큼 한복이 주는 파급효과가 크다는 것 아니겠는가? 우리나라 사람들은 인생에서 가장 축복받는 날인 결혼식 날마저도 예전에는 당연히 입었던 한복을 경제적인 이유로, 또는 귀찮다는 이유로 입지 않으려고 한다. 너무나 안타까운 현실이 아닐 수 없다. 이에 필자는 오히려 서양의 웨딩드레스 대신 우아하고 아름다운 웨딩 한복입기를 신랑, 신부들에게 권장하고 있다. 필자의 권유로 웨딩한복을 입고 식장에 등장했던 신랑, 신부는 하객들로부터 너무나 좋은 반응과 함께 평생 기억에 남을 멋진 추억이 되었다며 감사의 인사를 전했다.

프랑스 한복 패션쇼

웨딩한복을입고 결혼식하는 신랑신부

다행스럽게도 일상에서 홀대받던 우리의 한복이 요즘 들어 높아진 한국문화의 위상에 힘입어 재조명되고 있다. 옥스퍼드 영어사전에도 새로운 단어로 한복(hanbok)이 등재되었고 문화재청의 2022년 대표홍보 문화유산 5가지 중에서 한복이 그중에 당당히 첫 번째로도 선정되었다.

우리 민족 고유의 의상임에도 불구하고 외면받아 온 우리의 한복이 이제 일상에 뿌리박을 날을 기대해본다. 마지막으로 나의 트레이드마크가 되어버린 이야기를 남겨 보려한다. "한복은 사랑입니다 (Hanbok is love)" 한복은 우리가 사랑하고 지켜야 할 소중한 문화유산인 것이다. 앞으로 국가무형문화재인 한복 그 탁월함과 우수성이 우리 문화 콘텐츠의 확장 및 우리 민족의 자긍심으로 우뚝 설 수 있는 전통문화의 현대적 해석을 기대해 본다.

프랑스 한복패션쇼

< 각주 >

1) 한복은 옷감의 상태에 따라 광택과 질감이 다르고 재료와 염색의 방법에 따라 색감의 옅음과 밝음, 탁함 등이 달라 형태가 같은 옷이라도 전혀 다른 옷이 된다.

2) 다양한 구름 모양이 원단에 직조되어 있다.

3) 대한민국의 한복 예술가로 대구에서 출생했다. 1991년 프랑스 파리, 2001년 평양에서 자신의 작품을 전시하였고 2005년 APEC정상회의에서 참가국 정상들의 두루마기를 제작한 바 있다.

4) 한복생활 국가무형문화재 http://www.cha.go.kr

조은아

"한복은 사랑입니다"라고 늘 외치고 다닌다. 현재 충남 아산에서 한복디자이너로 활동하고 있고 한복에 들어가는 문양들에 관심이 많다. 3년 전부터 문화유산과 한복의 콜라보를 하고 있다. 알아갈수록 흥미롭고 우리의 전통 문화유산과 한복의 조합이 이리도 찰떡궁합이었을까 되새기게 될 정도로 늘 새롭다. 아마도 사랑에 빠지게 될 것 같다.

chooo0480@naver.com

2003년생 궁남지

어린 시절 추억의 궁남지

나는 부여 궁남지 주변에 있는 '군수리'라는 한적한 시골 마을의 종갓집 장손으로 태어났다. 부유한 집안은 아니었지만 언제나 할머니께서 안아주고 업어주며 나를 키우셨다. 땅에 닿으면 놀다가 다치지 않을까, 누가 데리고 가지는 않을까 할머니는 노심초사 늘 내 곁에 계셨다.

"너는 할머니가 밤마다 궁남지를 향해 정화수를 떠 놓고 아들을 낳게 해 달라고 빌어서 태어난 우리 집 종손이다. 어디를 가든 몸조심하고 사람을 함부로 따라가지 말고 차 조심하고 물 조심해라, 특히 궁남지에 가지 마라'

할머니는 내가 귀가 따가울 정도로 당부를 하셨다.

지금 생각해보면 그 이유를 알 것 같다. 당시 사촌 형이 동네 형들과 궁남지에 물놀이를 갔다가 물에 빠져 심장마비로 사망한 일이 있었기 때문이다. 참 가슴 아픈 일이다.

사랑하는 할머니와 함께

할머니 등에 업히다

그렇게 자란 나는 초등학교에 입학하게 되었다. 초등학교 2학년 때 할머니는 그렇게 귀하게 여기던 손자를 홀로 남겨두고 세상을 떠나셨다. 우리 집안은 할머니를 궁남지가 내려다보이는 양지바른 곳에 모셨다. 당시의 나는 어린 나이지만, 할머니께서 안아주고 업어주며 놀아주던 궁남지에 가서 외로움을 달래곤 했다.

어린 시절 할머니를 떠나보내고 혼자 남은 나는, 친구들이 놀리는 것 같아 학교 가기가 무서웠고 친구들을 만나는 것이 싫었다. 아버지, 어머니, 할아버지 중 그 누구도 할머니의 빈자리를 채워줄 수는 없었다.

학교는 가지 않고 매일 할머니 산소에 가서 궁남지를 바라보며 울기만 했다. 우리 할머니를 다시 보게 해 달라고 빌었다. 그런 마음을 아는지 모르는지 아무것도 모르는 궁남지 버드나무는 흔들거리며 궁남지로 오라면서 손짓하는 것 같았다. 할아버지가 그 사실을 알고 따라와서 말리곤 하셨지만, 할머니를 떠나보낸 슬픔은 쉽게 떨치지 못했다. 결국 할아버지께서 자전거에 태워 학교 등하굣길을 함께 해주셨고, 그렇게 힘들게 초등학교를 졸업했다.

궁남 3총사의 놀이터 궁남지

중학교 시절은 또 다른 경험의 시작이었다. 새로운 친구들을 알게 되었는데 그 친구들은 영준이와 태형이었다. 궁남지로 자주 놀러다니던 우리 셋을 동네에서는 '궁남 3총사'라고 불렀다. 3총사는 동네에서 온갖 개구쟁이짓을 다 했다. 겨울 정월대보름이면 남의 집에 들어가 밥 훔쳐

먹기, 봄에는 딸기 훔쳐 따먹기, 여름에는 수박서리, 가을에는 콩 서리 등등. 경찰관이라는 지금의 직업에 맞지 않게 사계절 내내 나쁜 짓을 다 했던 것 같다.

경찰이 된 필자의 모습

한 번은 수박서리를 가서 수박 1통씩을 들고 나오다가 똥을 밟았던 적이 있고, 주인에게 들켜 수박을 뒤집어쓰고 밭 가장자리에 서서 손을 들고 기합을 받은 적이 있었다. 정말 개구쟁이들이었고, 겁도 없었다.

궁남지에 갈 때는 영준이 아버지가 만들어 주신 대나무로 만든 낚시대(사실 대나무에 낚시줄만 연결한 낚시대)를 들고 갔으며, 영준이 동생 영현이는 형들을 따라 낚시를 같이 하겠다며 코를 훌쩍이고 바지를 한 손으로 잡고 다른 한 손은 대나무를 질질 끌고 우리들을 따라왔다. 우리는 영현이를 데리고 가고 싶지 않아 '오지 마, 오지 마'라고 소리치며 도망을 가면서 골목으로 숨었고, 도망가면 어떻게 아는지 울면서 쫓아왔고, 먼저 와서 기다리고 있었다. 영현이는 그렇게 형들이 좋았나 보다.

그렇게 궁남 3총사는 대나무 낚시대를 들고 궁남지로 향했다. 그곳에 가면 동네 형들과 다른 친구들이 벌써 와 있었다. 형들과 친구들은 우리를 보고, "궁남 3총사 왔네, 어서 와"라고 하면서 반갑게 맞아 주었다. 시끌벅적 떠들고 웃어대며 낚시를 했는데 큰 고기는 아니었지만 붕어가 낚싯대에 따라 올라왔다. 그렇게 잡은 붕어는 작은 것은 풀어 주고 큰 붕어는 비닐에 담아 영준이네 집에 가져갔다. 영준이 엄마는 "우리 아들들, 많이 잡았네" 하시며 요리를 해주시곤 했는데, 어찌나 맛있게 먹었던지 지금도 그 생각만 하면 군침이 흐른다.

　낚시하지 않는 날은 학교가 끝나면 가방을 맨 채 궁남지로 뛰어가 가방은 바닥에 집어 던지고 누가 먼저랄 것도 없이 물속으로 풍덩 뛰어 들어가 물놀이를 하기도 했다. 이쪽 끝에서 저쪽 끝까지 누가 빨리 가는지 물놀이를 하다 보면 어느새 해는 기울어져 금방 어두워졌고, 주위를 둘러보면 다른 사람들은 다 가고 우리 궁남 3총사만 남았다. 그렇게 궁남 3총사는 궁남지를 놀이터 삼아 중학교 시절을 보냈다. 아름다운 추억이었다.

궁남지에서 낚시

물놀이를 즐기는 궁남3총사

궁남지가 맺어준 인연

나는 궁남지 주변에 있는 부여고등학교를 졸업하고 대전으로 대학을 갔다. 4년 대학 생활 동안 무엇을 했는지 고삐풀린 망아지가 되어 천방지축 대전 시내가 다 내 것인 양 누비고 다녔고, 하루가 멀다하고 미팅을 했으며, 여학생 꽁무니만 따라다녔다. 여학생과 같이 있었던 시간 동안 모든 경비는 다 내가 부담했다. 돈도 없으면서 무슨 부잣집 자식처럼 행세했으니 말이다. 2학년 1학기를 마치고 여름방학을 맞이하였다. 오랜만에 대학생이 되어 궁남지로 향했다.

내가 자라고 뛰어놀던 궁남지, 그곳에서 나는 운명처럼 지금의 아내를 만났다. 아내 이름은 '은영'. 당시 그녀는 나보다 한 살 연상이었고, 서울에 있는 대학교에 다녔으며 3학년이었고 집은 논산이었다.

그녀는 방학을 맞아 집에 내려왔고, 공부하면서 지치고 힘들 때면 마음을 달래고자 혼자 궁남지에 온다며 자기소개를 했고, 우리는 그렇게 운명처럼 만나 사랑의 꽃을 피웠다. 방학 내내 만남의 장소를 궁남지로 정했고, 그곳에서 손을 꼭 잡고 걸었으며 같이 그네를 탔고 정자에 앉아 무릎베개를 하고 누워 사랑을 속삭였다. 여름방학이 끝나고 다시 2학기 대학 생활이 시작되었다. 그런데 그녀와 편지 외에는 연락할 방법이 없었다. 그녀가 너무 보고 싶어 서울로 찾아갔지만, 매번 허탕만 쳤다.

대학 2학년을 마치고 끝내 그녀를 만나지 못한 채 군대에 입대하였다. 제대 후 복한한 뒤에는 그녀를 까마득히 잊은 채 공무원이 되고자 열심히 공부했다. 언젠가 머리를 식힐 겸 궁남지로 향하던 날, 그동안 잊고 지내던 그녀를 운명처럼 다시 만났다.

 그녀는 나를 잊지 않았고, 내가 서울에 가면 그녀는 대전으로 내려오는 등 서로 어긋나 만날 수가 없었던 것이다. 그녀는 졸업하고 어엿한 공무원이 되어 있었다. 그렇게 우리는 다시 궁남지에서의 아름답고 멋진 사랑을 이어갔고, 결혼에도 골인하게 되었다. 아들 하나, 딸 둘을 낳게 되었는데 막내딸은 궁남지에서 연꽃축제를 처음 시작한 2003년에 태어났다.

 당시 궁남지 연꽃축제에 놀러 간 우리는 궁남지의 아름다움에 취해 앞으로 우리 멋진 사랑을 다시 해보자며 낳은 막내딸이다. 막둥이로 인해 우리 부부는 더 사랑하고 가까운 사이가 되었다. 그렇게 궁남지는 우리 부부의 영원한 데이트 장소가 되었으며, 지금도 현재진행형이다.

궁남지에서의 즐거운 데이트

막내 딸과 추억 만들기

궁남지에서의 아름다운 추억

 궁남지는 참으로 매력적이고 아름다운 곳이다. 언제부턴가 우리 가족은 궁남지에서 추억쌓기를 시작했다. 아내, 막내딸과 함께 궁남지 주변을 걷기로 했다.

 나는 가장 바깥쪽, 아내는 중간, 딸은 안쪽을 걸어 그네에서 만나기로 하였다. 나는 열심히 돌아 그네에 도착했다. 그런데 딸은 벌써 도착하여 신나게 그네를 타며 하늘 높이 오르고 있었다.

 하늘에는 뭉개구름이 떠 있고, 버드나무는 바람에 흔들거리고, 오리 가족은 궁남지에 내려 앉아 열심히 머리를 물속에 집어 넣었다가 빼기를 반복하며 연신 물질을 하고 있었다. 나는 갑자기 옛날 말썽꾸러기 시절이 생각나 발에 걸린 돌멩이를 집어 들어 오리에게 던졌다. 오리 가족은 '왜 자기들을 괴롭히는지 모르겠다'며 '꽥-꽥'대며 하늘 높이 날아올랐다.

 "아빠, 돌 던지지 마세요"

 그 모습을 보고 있던 딸아이는 왜 오리한테 화풀이를 하냐며 소리쳤다. 막내딸의 말 한마디에 하던 행동을 멈추고 딸을 향해 빙긋이 웃고 딸에게 가서 그네를 더 높이 밀어주었다. 딸이 한없이 사랑스러웠고 예쁘게만 보였다.

 그렇게 궁남지는 나와 아내, 딸에게 없어서는 안 되는 아름다운 장소가 되었다.

궁남지에 있는 그네   하늘높이 날아오른 딸

부여의 자랑 궁남지

궁남지는 1964년 사적지로 지정되었다. 부여군 부여읍 동남리 117번지에 소재하고 있으며, 마천, 서동마을, 마래방죽이라고 부르기도 한다. 백제 사비시대의 궁원지(宮苑池)로 우리나라 최초의 인공 연못으로, 『삼국사기』의 기록을 근거로 궁남지라 부른다.

삼국사기에는 백제본기 무왕 35년 634년 '3월에 궁성 남쪽에 연못을 파고 물을 20여리나 되는 긴 수로로 끌어들였으며 물가 주변의 사방에는 버드나무를 심고, 연못 한가운데에는 섬을 만들어 방장선산(方丈仙山)을 본떴다'고 되어 있다.

무왕 37년에는 '8월에 망해루(望海樓)에서 군신들에게 잔치를 베풀었다'는 기록이 있고, 39년 '3월에 왕궁이 처첩(妻妾)과 함께 큰 못에서 배를 띄우고 놀았다'는 기록이 있다.

궁남지 평면도　　　　　　　　포룡정(출처 - 부여군청)

　그렇게 궁남지는 부여군의 자랑거리가 되었고, 부여를 방문하는 관광객들과 가족, 연인들이 꼭 거닐고 싶어 하는 장소가 되었으며, 2018년에는 열린 관광지로 선정되었다. 2019년과 2020년에는 한국관광 100선에 포함되기도 할 정도로, 아름다운 관광명소가 되었다.

궁남지의 여름(출처 - 부여군청)

궁남지의 겨울(출처 - 부여군청)

궁남지 서동과 선화공주의 사랑터

　서동은 백제 30대 왕이다. 서동은 아버지 없이 홀어머니 밑에서 자랐으며 어릴 때부터 마를 캐다 팔아 어머니의 살림을 도왔는데 사람들은 그를 '서동(마 캐는 아이)'이라고 불렀다. 어느 날 신라의 진평왕 셋째딸인 선화공주가 아름답다는 말을 듣고 무작정 신라 서라벌로 들어가 마을 아이들에게 마를 나눠주며 지은 동요는 삽시간에 서라벌 곳곳으로 퍼져 진평왕의 귀에까지 들어가게 되었고, 진평왕은 크게 노하여 선화공주를 귀향 보낸다.

> 善化公主主隱(선화공주주은) 선화공주님은
> 他密只嫁良置古(타밀지가량치고) 남몰래 정을 통해 놓고
> 薯童房乙(서동방을) 서동을
> 夜矣卯乙抱遣去如(야의란을포견거여) 밤에 몰래 안고 간다

  서동은 선화공주가 귀향가는 길목을 지키고 있다가 납치하였고 둘은 사랑에 빠지게 되며 결혼까지 하게 되었고, 훗날 백제 30대 무왕이 되었다고 한다.

  국경을 초월한 서동과 선화공주의 사랑 이야기, 운명처럼 인연을 만나 가족을 이루게 된 나의 사랑 이야기. 궁남지를 배경으로 펼쳐진 또 다른 사랑 이야기도 어서 들어보고 싶다.

황수영

문화유산이 무엇인지 전혀 모르는 상황에서 배우고자 하는 열정 하나로 문화유산대학원에 입학하였다. 내가 아는 것이라고는 부여 지역에 있는 문화유산이 전부였다. 학업과 답사를 통해 문화유산이 무엇인지, 그리고 그것이 가진 진정한 멋을 깨달아 가고 있다. 늘 다음 수업이 기다려진다. 시작은 미약하였으나 그 끝은 창대하리라.

hsy2498@naver.com

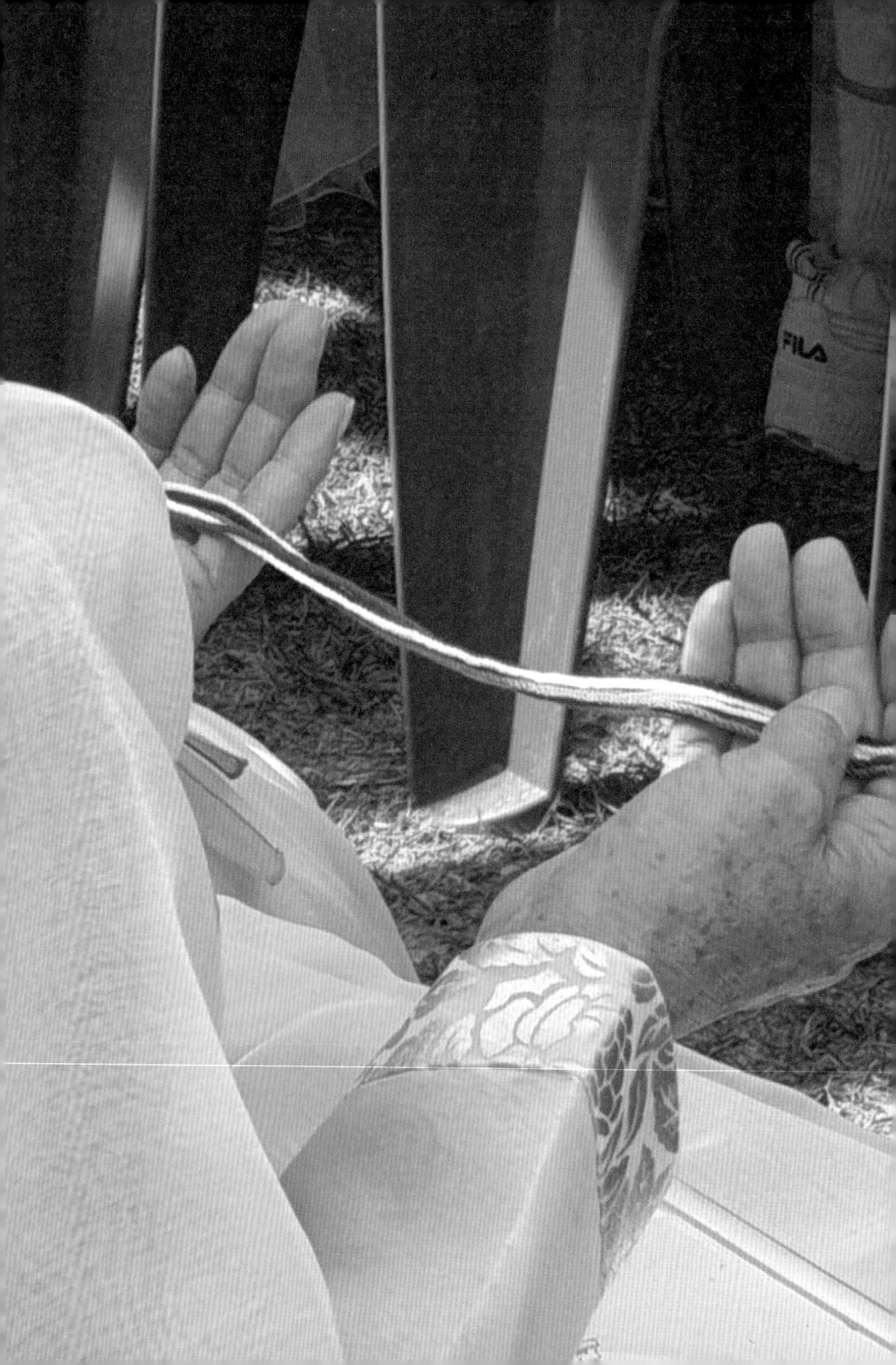

감사합니다
나의, 영평사

소개합니다. 나의, 영평사

사찰과 나는 떼려야 뗄 수 없는 관계 속에 있다. 어릴 적 할머니 댁에 가면 가장 먼저 뛰어서 올라갔던 곳은 1,600년 깊은 역사를 가진 계룡산 갑사였고, 최근 10년간 살았던 곳은 1,200년 역사를 가진 동학사였다. 이렇게 깊은 역사와 추억이 담긴 사찰들을 두고 나의 마음은 영평사로 향하였다.

이름만 들어도 든든한 장군산이 감싸고 있는 영평사는 지금 살고 있는 세종에서 나의 고향 공주로 향하는 길목인 세종시 장군면 신학리에 위치한다. 가을이면 구절초가 온통 사찰을 휘감고 있어 가을 여행지로도 유명한 영평사는 대한불교조계종 제6교구 본사 마곡사의 말사로, 창건 시기는 정확하지는 않지만, 조선 중기로 알려져 있다.

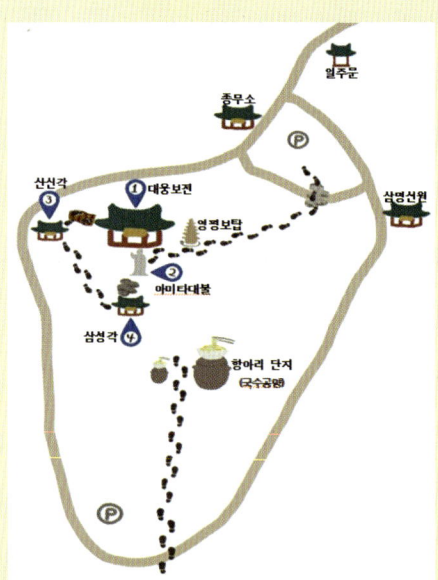

영평사 지도(자체 제작)

기억상 처음 이곳에 왔을 때 손발이 얼어붙을 정도로 춥고 코끝이 시렸는데 정신없이 바쁜 시간을 보내고 나니 어느덧 3월의 마지막을 향해 있었고, 영평사는 또 다른 모습으로 나를 반겨주고 있었다. 하얗고 진분홍의 매화꽃과 산 위에 나무들 사이로 알록달록 고개를 든 진달래 풍경이 나를 설레게 하였다.

기억을 더듬으며 일주문(一柱門)을 통과해 주차장에 차를 두고 대웅보전으로 향하는 돌계단 길을 따라 걷다 보니 어느새 저 멀리에 영평사 대웅보전만의 청색 기와지붕과 아미타 대불의 얼굴이 나를 반겨주는 듯했다. 영평보탑을 한 바퀴 반을 돌고 대웅전으로 향했다.

자세히 보는 영평사
- 대웅보전 -

> 영평사 법당처럼 삼존불로 석가모니불, 아미타불, 약사여래불을 모실 경우엔 법당의 격을 높여 대웅보전이라 한다. 삼존불을 모신 경우엔 좌우에 보살상을 협시로 모시는데 영평사는 자비의 화신인 관음보살과 대원력의 화신이신 지장보살을 모셨다. 대웅보전은 불기 2534(단기4323)년도에 준공된 도편수 김달원 거사의 작품으로 50평의 목조 팔작지붕에 7포내 11포의 장엄무쌍한 전당이다.
>
> - 영평사 안내책자 -

힘들었던 시간이 지난 지금, 이곳 대웅보전에 들었을 때 그때의 기억에 코끝이 찡했지만 지금 다시 보니 많은 것들이 새롭게 보였다. 가운데 석가모니불을 중심으로 왼쪽엔 아미타불 오른쪽엔 약단지를 품은 약사여래불이 보였고, 이 삼존불을 가만히 보고 있자니 어딘가 친근한 느낌이 들었다. 둥근 얼굴형, 좌우로 가늘게 늘어진 눈, 작지만 오똑한 코, 미소를 살짝 띠고 있는 작은 입까지 보고 있으면 친근한 얼굴에 마음까지도 편안해지는 것 같다. 이 삼존불 좌측에는 부처님 대원의 화신인 지장보살은 독특하게도 초록색 머리를 하고 있는데 삭발한 머리를 나타낸 것이라는 이야기를 어디에선가 들었던 기억이 있다. 처음 보았을 때는 잘못 본 줄 알고 한동안 뚫어져라 쳐다보며 신기해했었다.

 삼존불의 우측에는 부처님의 자비의 화신인 관세음보살이 화려한 관으로 나의 눈을 사로잡았고 그 앞에는 부처님의 진신사리가 놓여있어 신비로움을 더했다. 대웅보전에서 가장 감명 깊게 보았던 42수 관세음

영평사 전경

보살은 법좌스님께서 당시 재료가 귀해 양초를 담던 종이 상자 등을 활용하여 건칠 기법으로 조성한 성상이다. 모든 중생을 자식처럼 생각하는 관음의 대비심을 표현한 작품으로, 대한민국 불교미술대전에서 그 예술성을 인정받아 우수상을 받은 작품이다. 실제로 보면 전체적으로 우아하고 아름다운 곡선을 이루는 팔과 손의 섬세한 표현이 부드럽고 따뜻한 마음이 전해주는 듯하다.

- 아미타대불 -

대웅보전을 나와 신발을 신고 뒤를 돌았을 때, 나의 앞에는 아미타대불이 있었다. 아미타불은 무한한 수명을 뜻하는 무량수와 무한한 광명을 뜻하는 무량광의 뜻을 담고 있다. 줄여서 '미타'라고 부르기도 하는데 미타암, 또는 미타사 등 사찰 이름에 많이 쓰이기도 한다.

영평사에서는 절 이름과 영평사의 노래에도 나오듯이 무량수, 무량광이라는 사실을 망각하여 사람들이 삶을 괴롭게만 여기기에 아미타불의 본원을 알리고자 봉안하게 되었다는 이야기가 영평사 안내책에 자세하게 적혀져 있었다.

나는 아미타대불 옆에 있는 소원성취의 집에서 소원을 적어 기도를 드려보기로 하였다. 이곳에서 어떤 소원을 적어볼까

아미타대불 소원지 쓰기

고민하다가 '서른이 되기 전에 복권 1등에 당첨되게 해주세요!'라는 바람을 적어 묶으면서도 피식하고 웃음이 새어 나왔다. 나의 탐욕은 부처님의 깊은 뜻을 깨우치기에는 아직 갈 길이 먼 것 같다.

> 작지만 덕스러운 장군산 해 뜨는 마을 지상 극락
> 영원히 평화로운 절 있다.
> 오 이 절은 뭇 생명의 근원이요 광명이라네
> 호랑이, 다람쥐, 여기 깃들여 길이 평안하시라
> 오 영평, 오 영평, 모두의 본고장 오 영평, 오 영평, 영평사
>
> - 영평사의 노래 -

- 삼성각 -

영평사 삼성각은 7평형에 맞배 지붕을 가지고 있는 단아한 전각으로 삼성을 함께 모시고 있다. 탱화 앞으로는 석조 나한상이 아이와 같은 천진한 얼굴과 풍만한 체형으로 보는 이로 하여금 미소를 짓게 한다.

산신각 전경

독성탱화

독성은 부처님의 제자 중 '빈도라발라타사'로 독성, 수독성, 나반존자라고도 한다. 일찍이 승려가 되어 열반에 들지 않고 남인도 천태산에 머물면서 부처님 열반 후에 '나를 대신하여 중생들에게 복덕을 나누어 주라'는 분부를 받아 실천하시는 성인이다.

독성탱화는 천태산을 배경으로 독성은 희고 긴 눈썹을 가지고 있으며, 왼손엔 석장(錫杖)을 들고 있다.

독성탱화

칠성탱화

불교에서는 일찍부터 별자리 신앙을 받들여, 북극성, 북두칠성을 비롯한 성수를 형상화하고 예배 존상으로 숭배하며 재물과 재능을 주고 수명을 늘려주며 비를 적당히 내려주어 풍년이 들게 해준다고 믿었다.

영평사 칠성탱화는 일반적인 칠성도의 구조와는 다른 독특한 배치 형태를 보여주고 있다. 상단에는 일곱 개의 별자리를

칠성탱화

관장하는 칠여래를 그렸고, 중앙에는 주형의 거신광 안에 치성광여래와 그 협시인 일광(해), 월광(달) 보살을 그리고, 같은 열과 아래 열의 좌우에 각각 7수씩을 배열, 모두 28수를 배치하였다. 그리고 치성광삼존의 아래에는 삼태육성을 배치하였다. 다른 불화들에 비하여 치성광여래가 크지는 않지만, 주위의 모든 권속들이 모두 치성광여래를 향하여 합장배례하는 모습을 하고 있다.

산신탱화

불교가 수용되기 이전 우리나라에는 산을 숭배하는 신앙이 있었다. 불교 수용 이후 산신은 나한의 성격을 갖고 불교에 습합되었다. 우리 민족의 신이기에, 우리와 가장 가까운 신이기에 재물, 자손, 건강 등 모든 소원을 이루게 해주는 신으로 일컬어진다.
산신탱화엔 인격신으로 산신이 한 손엔 불로초로 보이는 식물과 다른 한 손엔 하얀 깃털로 만든 부채 백우선을 들고 있으며, 그 뒤로 좌측엔 화신인 호랑이가 있다.

산신탱화

-영평사 안내책-

- 산신각 -

대웅전 뒤편에는 산신각으로 향하는 길이 있다. 약간의 경사가 있는 길이었지만 오르기 힘든 길은 아니었다. 내가 그 길을 오르기 시작할 때 내 어머니와 연세가 비슷한 한 여성분이 위태롭게 내려오고 계셨다. '내가 도와드려도 괜찮을까?' 고민했지만 잘못하면 다치실 수 있을 것 같아 정중히 여쭸고, 가파른 내리막까지 도와드리기로 하였다. 그분은 병원 생활 중에 날씨가 너무 좋아서 나왔고, 꽃이 사방에 피어있어서 너무 좋았다고 가쁜 숨을 내쉬며 말씀하셨다. 그분은 아프시다고 하셨지만 목소리에는 행복이 묻어 있었고, 내가 잡은 팔은 얇고 너무나도 가벼웠지만, 온기는 너무나도 따뜻했다.

　내리막길을 내려오고 나는 진심을 담아 "행복한 일만 가득하세요"라고 인사를 드렸고 그분은 "고마워요"라는 인사를 마지막으로 서로 반대 방향으로 몸을 돌렸다. 나는 이상할 만큼 기분이 몽글거렸고, 그분의 말 한마디 한마디가 머릿속에 계속해서 맴돌았다. 아직도 그 순간, 그 시간이 잊히지 않는다.

　산신각에 도착했을 땐 '여기가 맞나?'라는 생각이 들었다. 초록색 투명 하우스여서 들어가도 될지 망설였지만 '하나의 소원을 꼭 들어주는 산신각' 팻말을 보니 들어가지 않을 수 없었다. 조심스럽게 문을 안쪽으로 밀었고, 들어가니 산신상이 봉안되어 있었고, 그 옆으로 소나무 하나가 지붕을 뚫고 그 위로 높게 솟아 있었다. 산신상은 영평사의 아미타대불 석공예를 하

산신각 오르막길

산신각 내부

신 대한민국 석공예 명장 1호, 중요 무형문화재 120호인 이재순 거사의 역작으로 삼성각에 봉안된 산신탱화와 그 모습이 일치했다. 나는 산신께 절을 3번 하며, 소원 한 가지는 꼭 들어주신다기에 하나를 정말 간절하게 빌어보았다. 꼭 이뤄지기를 바랐다.

유명인사 영평사

- 영평보탑 봉안식 -

2022년 4월 24일 "불~법~승~" 박수 소리와 함성 소리가 한데 어우러지며 영평보탑을 감싸고 있는 천이 벗겨졌다. 코로나19로 인해 2019년 가을 예정이었던 영평보탑 봉안법회가 미뤄지고 미뤄지다 3년 만에 드디어 빛을 보게 된 것이다. 감격스러운 떨림을 느끼며 바라본 영평보탑은 햇빛을 받아 더 뽀얀 석탑으로 빛이 나고 있었고 9각형 탑의 형태로 벽면에 언뜻 보이는 부조 벽화가 멀리서도 굉장히 독특해 햇빛에 눈이 부신지도 모른

영평보탑 봉안식과 봉안식 현장 영상

채 한참을 바라보았다.

 문득 '왜 다각형의 독특한 탑으로 만들었을까?' 궁금증이 생길 때쯤 주지스님께서 "극락세계는 9품이라 하여 9개 차원의 세계가 있는데 9품 세계를 형상화한 탑으로 극락세계를 이 땅에 구현하는 원력으로 창작이 되었다"라며 "세계 어디에서도 볼 수 없었던 탑"이라고 덧붙이셨다. 9개의 극락세계란 큰 뜻을 품었다는 이야기를 듣고 보니 더 가까이에서 좀 더 자세하게 봐야겠다는 생각이 들었다.

 영평보탑 안에는 부처님의 진신사리와 무량수 보살이 무려 6년간 하루 16시간씩 삼베에 옮겨 쓴 방대한 양의 17가지 사경과 변상도가 전날 이곳에 안치되었다고 한다. 무량수 보살이 쓴 사경과 변상도에 대해 충청뉴스에서는 '불교 유사 이래 처음이고, 이후로도 있기 어려울 삼베에 옮겨 쓴 방대한 경전을 보탑에 복장하게 된 일은 영평사의 경사이고, 영평불자님들의 홍복이 아닐 수 없다는 것이다.'라는 기사를 내보낼 정도로 굉장한 일인 것이다. 먼 훗날 100년, 200년 아니 1,000년이 지나 언젠가 이 탑 아래 봉안된 보물들이 꺼내어질 때는 역사적으로 엄청난 가치를 지닌 문화재가 되지 않을까 생각되었다.

 영관스님 사회로 시작된 봉안식이 끝이 나고 찬불가와 공로패 전달, 그리고 학업에 충실하고 부처님 가르침을 실천한 모범학생들에게 장학금 전달되었다. 끝으로 점심 공양이 시작되었는데 시작 한 시간 전부터 사람들이 줄을 서기 시작하더니 어느덧 행사장 둘레는 사람들로 꽉 차 있었다.

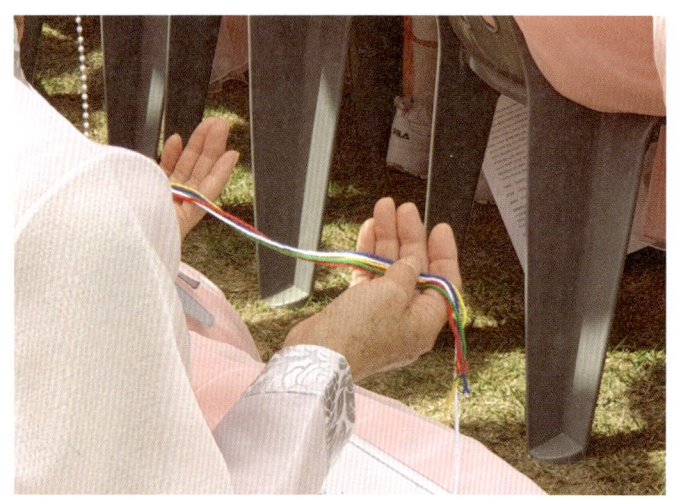
봉안식에서 받은 오색실

 이모와 나는 사람들이 줄어들기를 기다리며 영평사에서 받은 선물을 풀어보기로 하였다. 그 안에는 주지스님이 쓴 책과 영평사 안내책, 오색실과 팥이 든 작은 봉투가 들어 있었다. 이모는 작은 봉투는 보며, 오색실은 부처님과의 인연을 뜻하고 팥은 나쁜 기운을 쫓아주니 몸에 잘 지니고 있으라 했다. 말이 끝나기가 무섭게 나는 이들을 얼른 지갑 안 깊숙이 넣으면서, 오늘의 소중한 기억과 '이제는 좋은 일만 가득했으면 좋겠다'라는 간절한 염원을 담았다.
 어느덧 줄의 끝에 서서 포장된 밥을 받아 영평사를 나오며 문득 '나는 운이 참 좋구나'라는 생각을 했다. 코로나로 연기된 봉안식이 지금 열린 것도 이 책을 쓰기 위해 이곳에 다시 들르게 된 것도 그리고 이모와 함께할 수 있는 이 순간도 모두 감사하게 느껴졌던 하루였다.

욕불

욕불은 관불이라고 하는데 불상에 묻은 먼지나 때를 경건한 마음으로 씻거나 먼지를 털어내는 것을 목욕이라는 의미로 욕불이라 한다.

특히 부처님 오신 날 탄생불인 아기부처님 상을 목욕시켜드리는 의식을 봉행하는데 그 유래는 싯다르타 태자가 탄생하실 때 아홉 마리의 영룡이 나타나 따뜻한 물을 토하여 목욕시켜드렸다는 설화에서 비롯되었다.

부처님 오신 날에는 전국 사찰 전 불자들이 봉축법요에 함께하는 중요 의식이며, 이 욕불을 통하여 자신을 중생으로 얽매이고 있는 탐진 오욕을 털어내고 부처님 같은 삶을 살 것을 다짐하는 깊은 의식이다.

부처님 오신 날 욕불

- 영평사 안내책 -

즐겨 보는 영평사

- 산사의 휴식 -

영평사의 템플스테이는 쉼이 필요한 사람들에게 힐링을 주기 위한 프로그램으로 모든 것이 자율적으로 이루어졌다. 이런 분위기에 템플스테이에 참가한 나는 어쩔 줄 몰라, 몸만 계속 들썩였다. '기왕 온 김에 뭐라도 해보자!'라는 마음으로 산책도 하고 방에서 책도 읽어봤지만 지금 생각해보면 첫날 밤, 별이 보이던 영평사의 모습과 둘째 날 새벽예불이 가장 기억에 남는다.

첫째 날, 저녁 8시 사방이 어둠으로 물든 영평사는 한 치 앞도 보기 힘들어 긴장감이 돌았지만, 며칠 뒤면 부처님 오신 날이라 알록달록한 연등 불빛을 따라 조금은 안전하게 올라갈 수 있었다. 어느덧 대웅전 앞에 도착했고 안도의 숨을 내쉬며 하늘을 바라보니 별들이 선명하게 빛나고 있었다. 오랜만에 보는 밤하늘과 생각지도 못하게 반짝이는 별들을 바라보며 한동안 눈을 떼지 못했다. 밤에 보는 영평사는 나에게 화려하면서도 따뜻하게 느껴졌고 그 모습이 인상적이어서 영평사의 기억이 새로이 새겨지는 밤이었다.

둘째 날 새벽 예불은 4시에 시작되었는데, 시작 2분 전 목탁 두드리는 소리로 잠을 깼다. 순간 아찔한 마음에 서둘러 방문을 열고 열심히 대웅전을 향해 뛰었다. 턱 끝까지 차오르는 숨을 부여잡으며 대웅전 문을 열었을 땐 이미 새벽 예불이 진행 중이었다. 이러지도 저러지도 못하는 상황에 포기하고 돌아서려는 순간 다행히도 보살님과 눈이 마주쳤고, 들어오라는 손짓에 이끌려 대웅전 새벽 예불을 무사히 마칠 수 있었다. 아직도 그 순간을 떠올리면 그날의 아찔함과 예불을 마치고 난 뒤의 안도감이 동시에 전해져 오는 듯하다.

- 구절초 축제 -

이모가 말했다.

"영평사 구절초 축제 때 국수 공양했던 것 생각난다."

이모가 영평사 절에 다닌다는 이야기에도 놀랐지만, 구절초 축제에 국수

라니 신기했다.

"국수요? 구절초 축제엔 안 와 봐서 잘 몰라요."

영평사를 자주 간다더니 구절초 축제의 국수 공양을 모른다는 나를 의아해하셨지만 이내 반짝이는 눈으로 이모는 이야기

영평사 구절초 축제(출처 - 불교신문)

를 해주었다. 영평사 주지 스님인 환성 스님은 꽃을 좋아하셔서 영평사에는 봄, 여름, 가을 할 것 없이 꽃이 끊이질 않는다. 그중 토종 꽃인 구절초를 도량에 옮겨 심게 되었는데 어느새 분포 면적이 점점 늘어나더니 영평사에 자리를 잡아 사람들에게 사랑받는 꽃이 되었다.

가장 구절초를 보기 좋은 장소로는 대웅보전 뒤쪽으로 있는 '아름다운 청년의 길'이다. 여름을 지나 가을이 오면 하얀 구절초가 흐드러지게 펴서 사진을 찍지 않을 수가 없다고 한다. 나는 이모의 이야기를 들으며 이미 언덕 중턱 어딘가에 서서 불어오는 가을바람을 느끼며 구절초 향기를 먼저 맡는 듯했다.

언덕길을 따라 천천히 걸어 내려오다 보면 멀리서 하얀 연기가 피어오르는데 바로 이곳이 영평사의 항아리 단지이다. 전통사찰 장들을 담고 있는 항아리 속에는 방부제나 조미료가 사용되지 않고 자연의 힘으로만 숙성시킨 죽염 장류가 있는데 유명한 구절초 축제로 인해 더욱 이름을 알리게 되었다고 한다.

항아리들 앞쪽으로 큰 무쇠솥이 있는데 국수 공양을 하기 위해 이곳에서 봉사자님들은 열심히 국수를 삶고 구절초를 보러 온 사람들은 이 국수 맛을 보기 위해 설렘과 기대감을 안고 줄을 서서 차례가 되기를 기다린다. 국수를 받고는 항아리 위에 국수를 올려 두고 서서 후후 불어먹으며 구절초 꽃과 파란 가을하늘, 그리고 국수 삶는 연기까지 그 맛과 풍경을 잊을 수 없다고 한다. 이모는 당시의 추억을 찬찬히 되짚으며 그 감정을 나에게 고스란히 남겼다.

재작년부터 시작된 코로나 때문에 일시적으로 중단되었지만, 조금씩 나아지고 있는 만큼 올해 가을에는 이모와 함께 그때의 추억을 찾으러 갈 수 있기를 바란다.

나에게 영평사는 감사한 장소이다. 나의 힘든 시기를 공유했고, 그 힘듦을 이겨낼 긍정적인 힘을 주었고, 내가 간절히 바랐던 소원 하나를 이뤘던 곳이고, 사랑하는 사람들과 시간을 보내던 장소이다. 앞으로 걱정과 혼란이 나의 입과 귀를 막고 눈을 가려서 옳은 길을 보지 못하는 순간이 오면 다시 이곳을 찾아올 힘이 있었으면 좋겠다.

누구에게도 말할 수 없는 비밀이 생겨서 마음이 곪고 있는 사람이라면 한 번쯤 이곳에서 근심, 걱정 다 털어버리고 살아갈 힘을 얻을 수 있기를 바란다. 한 가지 소원은 반드시 이루어진다는 것을 나의 경험을 통해 증명된 곳이다. 누구든 이곳에 들러 간절한 소원 하나를 꼭 이루고 가기를 소원한다.

황세진

문화유산대학원의 첫 수업은 나에게 설렘 그 자체였다. 내가 알고 있는 문화유산을 나의 방식 그대로 남들에게 설명해야 한다는 첫 과제는 큰 용기가 필요했고 그렇기에 기대감 반, 두려움도 반이었던 것 같다. 우여곡절이 많았지만, 마무리를 지을 수 있도록 열정으로 이끌어주신 박지훈 교수님께 너무 감사하고, 또 문사공 선생님들께서 함께 해주셨기 때문에 글 쓰는 여정이 너무나도 행복했다. ghkdtowls@naver.com

공주 – 논산 – 부여
우리 함께, 답사길

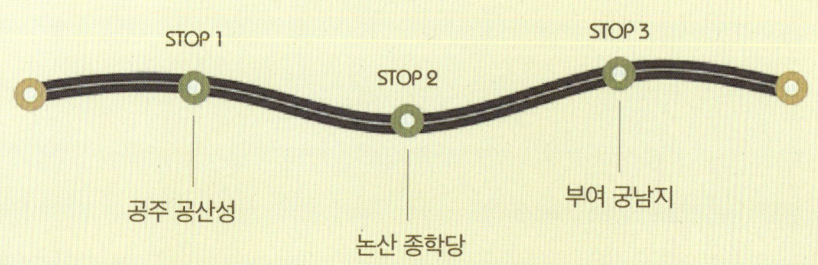

STOP 1 — 공주 공산성
STOP 2 — 논산 종학당
STOP 3 — 부여 궁남지

2022년 최대 힐링 모먼트, 문사공의 궁남지 답사

박지훈

궁남지와 처음 연을 맺은 2004년 이후 지금까지 궁남지에 대해 스스로에게 몇 가지 연구 주제를 던지고, 지리적 팩트와 상상력을 총동원하여 그것을 연구하는 일을 해왔다.

백제시대 궁남지는 정말로 지금의 위치에 있었을까? 궁남지가 처음 만들어졌을 때, 거기에 어떤 나무와 꽃들이 자라고 있었을까? 궁남지가 바닷물에 잠긴 적이 있었을까? 있었다면 언제일까?

한때는 즐거웠던 적도 있었고, 새로운 사실을 알게 되었을 때 전율을 느끼기도 하였다. 그러나 연구의 선한 영향력을 알 수 없었으며 관련된 소수 사람들을 위한 리그 속에서만 살아왔기에 늘 행복한 것은 아니었다. 그러던 내게 '2022년 최애 모임'은 문사공*이다. 문사공은 2022년 1학기 공주대 문화유산대학원 문화유산활용론 수강생들 중에 나와 함께 책을 쓰고 있는 분들이 중심이 되어 만든 소모임이다. 그 모임에서 부여 궁남지로 답사를 갔다.

'마음이 젊은 어른들'인 문사공 멤버들은 궁남지를 보고 잠시나마 세상의 짐을 덜어버리고 어린아이처럼 마냥 좋아하였다. 그 장면이 나에게 신선한 충격이었다. 늘 긴장감의 연속이었던 삶을 단순히 본인의 의지만으로 극복하고자 했지만 삶이란 무게는 생각보다 무거웠다. 힘든 적도 많았고, 번아웃이 찾아온 적도 있었다.

그 와중에 2022년 최대 힐링 모먼트(moment)를 우연히 맞이했다. 행운이었다. 그 날, 문사공 맴버들의 해맑은 얼굴을 본 순간을 기준으로 앞으로 나의 연구와 삶의 방향이 많이 바뀌었다. 남은 10여 년간의 교수생활을 준비하는 데 있어 터닝포인트가 되었다는 의미이다. 찬란하고 아름답던, 그날의 궁남지와 문사공 멤버들은 내 삶에 힐링 그 자체이다.

새로운 이야기에 취하는 답사길

강현순

오늘은 또 어떤 이야기들을 만날 수 있을까? 답사를 떠나는 날은 늘 설렘으로 시작한다. 첫 번째 방문한 계룡면에 있는 승병장인 영규 대사 묘역에서는 부상한 몸을 이끌고 묘소 부근까지 와서 숨을 거두셨다는 설명에 의롭게 사신 분들이 외로운 죽음을 맞이하고, 제대로 대접받지 못하고 있다는 생각에 안쓰러운 마음이었다. 두 번째 방문한 곳은 '노성궐리사'라 하여 절인 줄 알았는데 공자의 유상을 봉안한 영당이며 공자가 생장한 '궐리촌'이라는 명칭에서 유래된 것이라고 한다. 궐리사 바로 옆에 있는 명재고택으로 걸어가는 길은 시골 마을을 닮아 한적하고 여유롭다. 아름다운 고택과 연못에서 인생 최고 장면을 건질 수 있겠다는 기대감으로 연신 사진찍기에 바쁘다. 종학당에 가서는 파평윤씨 가문의 학문에 대한 열정이 그대로 느껴지는 듯했다. 김진우 동기분이 에세이에서 종학당을 조선시대 강남 8학군이라고 명명하셨는지 단번에 이해가 되었다.

부여에 입성해 연잎밥에 연잎주로 건배를 하고는 궁남지로 향했다. 무왕과 선화공주의 이야기는 저만치 떠나보내고 그저 힐링 타임의 시간이다. 궁남지 연못 한가운데 정자에서 듣는 잔잔한 라이브 선율과 우리를 위한 듯 때마침 터지는 분수 쇼는 시원한 물바람을 우리에게 선물해 주었다. 6천 년 된 땅에서 담소 나누며 연잎 사이를 휘적휘적 거닐고 바로 옆 2만 년 된 땅 위 노란 카페에서 마시는 시원한 커피 한 잔의 여유를 한마디로 표현할 수가 있을까? 행복 바이러스에 감염된 듯, 문사공과 함께할 다음 답사가 기다려진다.

교과서에 실린 백제시대 인기가요

고신애

백범 김구 선생님은 '문화에는 우리 자신을 행복하게 하고 나아가 다른 사람을 행복하게 하는 힘이 있다'라고 했다. 나도 잘 모르는 우리나라 가요를 다른 나라 사람들이 부르는 영상을 보면 신기하기도 하고 음악뿐 아니라 요즘은 'K- Culture'라 지칭되는 대한민국 문화의 힘을 다양한 분야에서 생생하게 체감할 수 있다. 특히나 음악은 시대를 초월하는 장르인듯하다.

부여 궁남지에 가니 연지 가득 이쁘게 피어있는 연꽃만큼이나 서동 왕자와 선화공주의 사랑 이야기가 곳곳에 가득하다. '러브스토리'라면 늘 그렇듯 눈 초롱초롱 뜨고 턱 괴고 들을 만큼 흥미롭지만, 이분들의 사랑 이야기는 조금 더 특별하다. 우선 서동 왕자는 노래를 지을 만큼 예술적이다. 심지어 어린아이들이 쉽게 따라부를 만큼 대중을 이해하고, 가사를 지은 작사가이자 노래 하나로 신라 사회를 떠들썩하게 할 만큼 대단한 공연연출가다. 심지어 노래가 가져올 결과까지 예측한 똑똑한 지략가이기도 하다. 제일 중요한 건(전해 내려오는 이야기를 전제로) 아버지에게 쫓겨난 선화공주를 살뜰히 챙기며 스며들 듯 여자의 마음을 얻는 '사랑꾼'이라는 것이다.

학창 시절 교과서에서 '서동요'를 접했을 땐 그저 외우기 바빴던 거 같다. 삼국유사에 실린 무왕의 사랑이야기, '서동 설화'는 향가 4구체이고 민요적 성격을 띠고 있으며 노래를 해독하면 다음과 같다 등등. 지나고 보니 시험문제에 출제되었는지 문제의 정답과 맞췄는지 전혀 기억이 나지 않는다. 실제로 궁남지에 설치된 서동 왕자, 선화공주 캐릭터 앞에서 사진 찍는 사람들 역시도 그런 이야기는 관심 밖이다. 그저 낮에도 이쁘고 밤에도 빛이 나는 캐릭터 앞에서 즐거운 추억을 남길 뿐이다. '서동요'라는 노래 덕분에 오랜 시간 동안 기억되는 두 사람. 나 역시도 이쁘게 피어있는 연꽃 앞에서 서동 왕자와 선화공주를 떠올리며 서동요 가사에 나만의 음계를 넣어 나지막이 노래를 불러본다. "선화공주는~~"

궁남지 답사

곽동석

처음 궁남지를 들렀을 때 연못 가운데 조그마한 섬 하나가 달랑 있었고, 주위에는 모두 논이었다. 그다음 갔을 때 궁남지 인근에 비포장 주차장이 있었으며, 그다음엔 연꽃 심은 논이 조그마하게 생겨 뭔가 변하는 모습을 보였다. 연꽃 심은 논은 조금씩 아이들이 커가듯이 커졌다.

오늘날 궁남지는 번듯한 주차장과 인근에 커피숍 등 편의시설이 갖추어져 있고, 주위에 있는 논은 연꽃 공원으로 조성되어 사람들로 인산인해를 이루고 있었다. 이제 궁남지가 살아 움직이며 숨 쉬고 있는 것 같이 보였다. 궁남지 섬 한가운데 포룡정 정자에는 시원한 바람과 함께 분수대에서 나오는 물줄기로 상쾌하여 평안감사가 부럽지 않을 정도로 몸과 마음이 편안하였다.

백제 무왕이 만든 이 궁남지는 우리나라에서 가장 오래된 정원이면서 일본까지 영향을 준 역사적으로 중요한 곳이라는 점과 신라 선화공주와 사랑 이야기의 주인공 무왕을 잠시 생각해 본다. 삼국 중 가장 많이 전쟁을 치렀던 백제는 무왕 때 고구려, 신라와의 전쟁이 더욱 치열하였다. 그러나 승패가 나지 않는 전쟁에 무왕 또한 심신이 지쳐 있었고 변화가 필요하였다. 그중 하나가 궁남지 조성이었을 것이다. 궁남지를 보며 머리를 식히고 그동안 전쟁하느라 지친 신하들에게 사기를 북돋아 주고 보듬어 주었을 것이다.

무왕이 신하들과 이곳에서 경치를 즐기며 마음을 다스렸던 생각을 해보면서, 선화공주와의 아름다운 사랑 이야기를 곰곰이 생각해 본다.

공산성(公山城)을 다시 봤다

김진우

공주 시내 공산(公山)에 위치한 백제 웅진시대의 공산성. 공주의 역사를 품고 있는 이곳 공산성은 일제강점기 백제 궁(宮)의 격을 낮추기 위한 일제의 책략으로 산성공원으로 디스(dis) 당했던 곳이다. 역사탐방 덕후들의 사랑을 듬뿍 받고 있는 공산성을 이번에는 순례(巡禮)의 마음으로 찾았다.

이번 공산성 답사의 인솔교수는 공주대학교 문화유산대학원 박지훈(Tom) 교수였다. 지리학자인 그의 '2022년 1학기 문화유산활용론' 수업을 들은 후부터 공산성이 다르게 보이기 시작했다. 공산에서 약 17㎞ 떨어져 있는 유명한 계룡산이 해발 110m에 불과한 공산의 손자뻘 산(山)이라고 하니 신기하고 흥미롭기만 하다. 한눈에 내려다보이는 금강의 미르섬이나 둔치의 '형성-소멸주기'가 불과 102년 이내로 수렴된다는 Tom 교수의 익사이팅한 지형 설명은 다른 곳에서는 배울 수 없는 소중한 지식이다.

성곽에는 백제의 나라색이었던 황색의 깃발이 펄럭인다. 황색 깃발의 그림이 방향에 따라 다르게 그려져 있다. 성곽 동서남북에 배치된 깃발은 송산리 6호분의 사신도를 재현했다는데, 이는 외부의 나쁜 기운을 막아내는 의미를 담고 있다고 한다. 1,500여 년 전 백제의 서울 공산성, 지금은 세계역사유적지구로 지정되어 한국의 대표 산성으로 자리매김한 곳이다.

공산성 아래에는 대표 친일파를 자임한 사람의 비석이 세워져 있다. 박중양은 뼛속까지 일제 앞잡이로 낙인찍힌 친일반민족행위자이고 관찰사를 지낸 김관현도 친일반민족행위자이다.

법률상으로 구한말과 일제강점기에 민족을 배반하고 일제에 협력하던 자들을 부르는 명칭이 '친일반민족행위자'이다. 후세사람들에게 반면교사가 될 수 있다면, 웅진동 웅진도서관 옆의 '기미독립운동 기념탑' 광장으로 이들의 비석을 옮겨야 한다.

공산성 단상

백남우

부여·공주·경주는 내가 아주 좋아하는 도시 중 하나이다. 그래서 나는 이곳들을 찾을 땐 박물관과 옛 성터를 들러보곤 한다. 경주와는 달리 백제의 고도인 공주와 부여는 큰 강을 끼고 있다. 백제 역사의 대부분은 처음 도읍을 정한 한강 유역의 한성백제다. 공주의 금강에서는 고구려로부터 절체절명의 위기를 극복하였다. 마지막 사비강에서 백제는 나당연합군에 의해 그 운을 다했다. 백제의 역사는 강에서 시작하여 강에서 끝났다고 볼 수 있다.

 1980년대 대학 후배들과 공주 여행을 와서 당시 산성동 버스터미널 근처의 산성길을 따라 공산성 진남루에 올라 사진을 찍었던 기억이 있다. 1992년에는 대전지역의 향토사 모임인 '옛터를 생각하고 돌아보는 모임'에서 답사로 성안마을을 찾았다. 당시 성안마을은 퇴락한 시골 마을 모습이었다.

그 후 공산성에 오면 나름대로 산성의 여러 곳을 살펴보았다. 산성에 관심이 많은 나에게 공산성은 좋은 답사지이자 힐링의 장소이기도 했다. 최근에 국립공주대학교 문화유산대학원 문화유산활용론 수업으로 교수님, 원우들과 두 차례의 공산성 답사가 있었다. 이를 통해 그동안 알았던 공산성이 다르게 보이기 시작했다. 공산성은 과거의 영화와 오욕의 역사를 떠나서 현재에도 미래에도 계속되는 역사의 세트장이라고 할 수 있다. 그 특수한 지리적이며 지질학적인 공산이라는 작은 공간에 공산성은 서 있다. 공산성은 도도히 흐르는 금강과 함께 수많은 세월을 거쳐 삶의 흔적들을 지층처럼 기록하여 전하고 앞으로도 계속될 것이다.

오감만족(五感滿足), 나의 공산성 답사기

박민호

공산성은 백제시대에는 '웅진성', 통일신라시대 '웅천성', 고려시대 '공주산성', 그리고 조선시대 인조가 잠시 난을 피해 머무른 이후에는 '쌍수산성'으로도 불렸다고 한다. 구한말 군영이 폐지된 이후 공산성은 성안마을이 형성되는 등 주민들의 삶의 터전이 되었고, '산성공원'이 되었으며 '전국남녀 자전거 대회'가 열리기도 하였다. Tom교수님이 '혁신의 아이콘'이라 부를 정도로 역동적이고 변화무쌍한 공산성은 나의 세 번의 답사에서도 역시나 매번 다른 인상을 보여주었다. 첫 시작은 '시각'이었다. 처음 공산성을 찾았을 때 나를 사로잡은 것은 해자처럼 성의 북쪽을 감싸고 흐르는 금강과 성곽이 어우러진 경관이었다. 공산성에 올랐을 때 보였던 시원하게 뻗어가는 물줄기와 저물어가는 해에 반짝이던 윤슬은 공북루, 성벽길과 함께 하나의 풍경을 이루어 눈길을 뗄 수 없게 만들 정도로 아름다웠다.

두 번째 답사에서 공산성은 '향기'로 다가왔다. 진남루에 들어서기 전부터 코끝을 간지럽히던 아까시나무 꽃향기는 성안으로 들어서자 온 사방을 가득 메우는 느낌이었다. 헤어진 연인의 얼굴이나 이름은 잊히지만, 향기만은 마지막까지 지워지지 않는다고 했던가. 이제 아까시 꽃향기를 맡을 때면 공산성이 제일 먼저 떠오를 것 같다.

세 번째 방문도 대학원 답사였지만, 그날은 쌍수정에서 동기들과 함께 먹었던 샌드위치의 '맛'이 기억에 남는다. (추정)왕궁지의 쌍수정에서, 피난 왔던 인조가 맛있게 먹었다는 인절미 이야기를 들으며 간단하게나마 저녁을 먹었던 경험은 백제왕이 '살았던' 공간으로서의 공산성을 직접 느끼게 해주었다.

오감(五感)으로 공간을 경험할 때 추상적이던 공간에 현실감이 더해진다고 한다. 이 세 차례의 공산성 답사는 1,500년 전 백제의 왕성으로 막연히 알고 있던 공간이 내가 직접 보고, 느낄 수 있는 현실의 장소, 역사의 현장으로 바뀌는 순간을 경험할 수 있는 기회였다.

인연의 시작, 공산성과 함께 하다

성은희

어릴 적부터 수없이 오가던 공주였건만, 왜 이제서야 공산성을 알게 됐을까? Tom의 젊은 날을 추억을 공유할 수 있는 장소, 넓은 초록 들에서 한복 패션쇼를 하고 싶다던 그곳, 이곳이 어떤 매력이 있나 하는 궁금함과 약간의 의무감으로 공산성으로 향했다.

날이 너무도 화창한 5월, 아카시아 향기가 바람에 날려 온몸을 휘감아 돈다. 공산성, 성에만 집중했는데 '그래, 이곳은 산이었어~' 높지 않아 부담 없이 산책할 수 있는 산이었다. 힘이 들어 잠시 쉬고 싶을 땐, 때마침 나타나는 진남루, 영동루, 광복루 등. 탁 트인 금강과 공주 시내를 내려다만 보아도 세상 시름을 조금은 내려놓을 수 있어 사랑에 힘들 때, 일이 잘 풀리지 않을 때 위로가 될 만하다.

공산성에서 내가 가장 애정하는 곳은 공산성 서쪽 출입문인 금서루이다. 오래전 공산성 안에 도로를 만들면서 없어졌던 곳을 최근에 복원한 것이라고 한다. 그래서인지 금서루 밑에 차가 지나갈 수 있는 출입구가 있다. 그 공간은 우리의 포토존이 되었다. 해가 뉘엿뉘엿 지면서 금서루는 또다른 매력을 뿜어 내기 시작한다. 금강교와 연결되어 어우러지는 공산성의 외곽과 금서루의 모습은 어떠한 야경과 견주어 손색이 없을 정도이다. 5월 늦은 봄, 소풍 같은 답사는 공산성과 학우님들과 이어주는 인연의 공간이다. 두 번의 답사를 마친 후 매주 공산성을 방문하였다. 이 좋은 걸 나만 알 수 없어 공산성 홍보대사가 되었다. 금강과 금강철교, 입구에 세워진 비석부터 차분하게 설명하면 일행들에게서 감탄이 터져 나온다. Tom과 학우님들의 지식과 지혜를 배운 덕분이다.

시공자가 되어 떠나는 역사여행

윤석림

푸르른 녹음이 우거진 여름으로 가는 길목에서 첫번째 답사로 공산성에 올랐다. 문화유산론 원우들과 쌍수정에 둥그렇게 앉아 준비해 간 샌드위치를 먹으며 "답사가 아니라 소풍 같아요. 수건돌리기라도 해야 되는 거 아니에요?"하면서 시끌벅적 이야기꽃에 초등학생이 된 것 마냥 즐겁다. "공주대학교에 다니니 공주를 사랑하는 마음이 가득해야지요. 그러니 공산성부터 갑시다" 해서 1번 답사지를 공산성으로 정한 것이다

조선시대 인조가 이괄이 일으킨 난을 피해 6일 동안 피신해 있을 때 그를 위로해 주던 2그루의 나무가 고마워 정3품의 벼슬을 내린다. 그 후 이수항이 관찰사로 부임하여 나무가 있던 자리에 나무를 기리기 위하여 삼가정을 세웠는데 이것이 쌍수정이다. 광해군을 몰아내고 피로 얻은 왕좌였으니, 인조는 많이 두려웠었나 보다. 얼마나 애가 탔으면 기대어 서 있던 나무에게 벼슬을 내렸을까? 나무에 기대어 난이 진압되기를 고대하면서 나무에게 간절히 기도를 했나 보다. "나무야 나무야, 내 소원을 들어 준다면, 내가 너에게 꼭 벼슬을 내려주마"하고.

산들산들 시원한 바람이 불어오는 이 계절, 그 애닯던 마음은 사라지고 현재 쌍수정은 우리처럼 답사 온 친구들이 도시락을 먹는다거나 돗자리를 깔고 불어오는 시원한 바람을 느끼며 힐링하는 장소가 되었다. 나는 시공자(시간과 공간을 초월하여 여행하는 자)가 되어 떠나는 역사여행을 좋아한다. 시공자의 천천히 흐르는 시간 속에서 300년 전의 인조의 숨결이 쌍수정 기둥을 타고 전해 오는 듯하다. 공산성의 풀 한 포기 나무 한 그루도 예사롭지 않다. 가슴벅찬 하루다.

공산성

윤권영

내가 공산성을 처음 본 것은 공주에 국악인 박동진 명창 관련 학술대회를 진행할 때는 당시는 '성곽과 성문이 멋지네' 정도의 생각했는데, 대학원 입학 면접을 오는 길에 아내와 함께 올라가 보게 되었다. "공주에 왔는데 공산성은 보고 가자" 해서 올랐는데 그때는 성벽을 따라 한 바퀴 도는 것이 어찌나 힘들던지. 그래도 제일 높은 곳에서 금강을 바라보며 흘러내리는 땀방울을 닦을 때는 참 상쾌했던 기억이 있었다. 답사길에 다시 학우들과 공산성을 오르면서 지리학과 보존학의 관점에서 바라보게 된 공산성은 또 다른 모습으로 다가왔다. 높은 곳에서 백성의 모습을 지켜보며 지냈을 왕궁터와 백성들이 실제로 살았을 성안마을터, 우람하고 멋진 성곽의 모습을 보며 백제시대 사람들의 생활상이 머릿속에 그려졌다.

이후 문화재가 되어버린 공산성을 관리 대상으로써 관찰하며 보호하려는 관점에서 보게 되니 또 다른 모습들이 눈에 들어온다. 성의 외관도 중요하지만, 관람객의 안전을 우선으로 관리하고 후손들이 오래 볼 수 있도록 보전하려는 노력들 또한 필요해 보인다. 단순한 지역의 문화유산으로 기억에 남았을지도 모를 공산성을 대학원 수업을 통해 새롭게 받아들이고 나만의 지식을 더해 볼 수 있게 되어 뿌듯하다. 나중에 가족들과 함께 왔을 때 멋지게 설명해 줄 수 있을 거 같아 벌써 기대된다. 이제 공산성은 나에게 오래도록 기억에 남을 장소가 되어버렸다.

종학당에서의 추억

조은아

종학당은 논산 노성면 병사리에 있는 건물로 조선 중기 파평윤씨 문중에서 운영해 오던 서당으로 종중의 자재와 문중의 내외척, 처가의 자제들까지 합숙하여 교육시키기 위해 1643년 인조 21년 윤순거가 건립한 교육 도장으로 창건 후 280여 년에 걸쳐 42명의 문과 급제자와 31명의 무과급제자 그리고 수많은 생진과(生進科) 및 석학을 배출하였다 한다. 파평윤씨 일가가 명문 가문으로 이름을 날 릴 수밖에 없는 이유다.

홍살문을 입구를 지나면 오른쪽으로 종학당을 볼 수 있다. 그 위로는 상급 교육과정을 담당했던 백록당과 정수루가 있다. 당당한 건축미가 느껴지는 정수루에 올라서니 여름철 더위를 금방 식힐 수 있었고 누각의 형태만 보아도 가문의 자부심이 대단하였을 것 같다. 또한 정수루에서 바라본 작은 연지(蓮池) 종학당, 병사 저수지를 바라보니 시가 절로 읊어질 것 같았다. 정수루는 선비들이 책을 읽고 학문을 토론했던 장소로 중앙에는 정수루라는 현판과 좌우 측에는 오가백록(吳家白鹿), 향원익청(香遠益淸)이라는 현판이 있다. 향원익청(香遠益淸)은 '향기는 멀리 갈수록 맑음을 더한다' 는 의미이다. 다음의 시를 보면 이해에 도움이 되리라 여겨진다.

'진흙탕에서 피어났으되 더러움에 물들지 않고 물에 씻겼으나 요염하지 않으며…
향기는 멀리 갈수록 더욱 맑고, 그 자태 우뚝하고 고요하여 멀리서 지켜볼 뿐, 함부로 갖고 놀 수 없네 …'

송나라 유학자인 주돈의 애련설(愛蓮說)에서 유래되었다 한다. 우리 문화유산대학원 동기들과 향원익청하는 지기이기를 소망해본다.

공산성 돌탑

황수영

나는 할머니께서 정화수에 물을 떠 놓고 아들을 낳게 해 달라고 간절히 기원하여 태어난 종가집 장손이다. 할머니는 그런 손자를 잘 되게 해 달라며 정화수 앞에서 간절히 기원을 드렸다. 그 덕분인지 나는 아무 일 없이 건강하게 잘 지내고 있다. 대학생활 4년을 마치고 경찰관이 되었으며 직장생활한 지 30여 년이 흘렀다. 공부를 더 해야겠다는 마음으로 2022년 꿈에 그리던 공주대학교 문화유산대학원에 입학하였고 열심히 학업에 정진하고 있다.

문화유산활용론 박지훈 교수님은 공산성의 열혈한 팬으로, 학기 초부터 공산성 답사를 계획하셨다. 나 역시 공산성이 너무 궁금했고 꼭 오르고 싶었지만, 그동안 가보지 못해 좋은 기회라 여겨졌다. 기다리고 기다리던 답사 날, 전날 밤에는 어릴 적 소풍갈 때 마음처럼 잠이 오지 않았고, 부여에서 공주까지 가는 내내 호기심에 들떠 있었다. 과연 공산성은 어떤 곳일까? 교수님의 인솔 하에 공산성 남문이라고 하는 진남루로 향했고, 수많은 사람들이 쌓아둔 돌탑이 눈에 들어왔다. 그 앞에서 많은 사람들은 소원을 빌었을 것이다. 아들을 낳게 해 달라고, 자식 잘 되게 해 달라고, 가족들 건강하게 해 달라고, 돈 많이 벌게 해 달라고 등등.

각자 소원은 다르겠지만 그 돌탑 위에 작은 돌 하나 올리고 소원을 빌었을 것이다. 우리 할머니께서 아들을 낳게 해 달라고 간절히 빌었던 것처럼..., 나도 공산성에 오르며 그 돌탑 위에 작은 돌 하나 올리며 양손을 모은 채 소원을 빌었다. 우리 가족 건강하고, 아이들 성공하게 해 달라고.

공산성

황세진

공산성을 걷는 발걸음이 가볍다. 공주에서 오랜만에 느껴보는 고향의 냄새와 방울방울 떠오르는 추억들이 나의 발에 꽃신을 신긴 듯, 들뜨게 한다.

공산성은 백제가 한성을 고구려에게 빼앗긴 후 웅진으로 천도하였다가 수호를 목적으로 축조되어 공산성의 산세를 활용한 천연의 요새이다. 그 후로도 신라, 고려, 조선 시대까지도 행정과 군사적 요충지로 활용되었고, 지금은 그 역사를 간직해 유네스코 세계 유산에 등재되어 많은 사람들의 관심과 사랑을 받는 곳이 되었다.

백제시대부터 조선시대까지의 길고 긴 역사를 품고 있는 공산성이기에 한 걸음을 뗄 때마다 시간을 거슬러 1,500년 전으로 돌아가는 듯하다. 그 시대 백성이 되어 공산성의 아름다움에 매료되었다가도 한성을 빼앗기고 웅진으로 천도해야만 했던, 하루빨리 국력을 되찾고자 하는 간절함이 함께 전해져 온다.

공산성에 가면 꼭 가보는 곳이 있다. 바로 '영은사'다. 나는 불교 신자는 아니지만 우리나라의 옛 정서를 느끼고, 잠시 생각을 내려놓고 편하게 둘러볼 수 있어 거부감 없이 사찰을 방문하는 편이다. 영은사의 창건일은 정확하게 알 수 없으나, 조선 전기 제7대 세조의 명으로 창건되었다는 기록이 전해지고 있으며, 1624년 이괄의 난 때 피신처로 그 후에는 승병 훈련소로써의 역할을 한 곳이기도 하다. 그래서인지 고즈넉하고 아담한 외관에 숨겨진 내면의 강인함이 느껴지는 곳이다. 이곳에서 나는 꼭 숨을 크게 들이쉬고 간다. 어쩌면 그 강인함이 숨결을 통해 나에게 전해지길 바라면서 말이다.

양면성을 가지고 있는 공산성, 그리고 그 안의 영은사까지. 아름다운 자연과 웅장한 성벽이 가진 조화로움이 매력적인 문화유산이다.

에필로그

박지훈

글을 쓰는 동안 약 1500년 전 백제의 왕이 되어 공산성 왕궁에서 통치를 하거나, 최고의 지리학자가 되어 공산성의 왕궁 후보지 선정에 주도적으로 관여하는 흥미로운 꿈을 꾸었다. 현실 같은 꿈속에서 행복하고 즐거웠다. 한편, 현실의 벽에 부딪쳐 이루어질 수 없는 일이 생겨 마음이 답답할 때, 약 2.7㎞ 공산성의 성곽을 무조건 걸었다. 걷고 나면, 마음만은 차분해졌다.

2022년 나의 최애 모임은 '문사공(문화유산을 사랑하는 공주대생 모임)'이다. 그들과 함께 공산성을 낮과 밤으로 답사하며 행복에 흠뻑 취했던 시간이 올해 최고의 힐링 모먼트가 되었다. 나는 뼛속까지 지리학자이며, 문화유산을 사랑한다. 앞으로도 지리학의 눈으로 문화유산을 다양하게 이해하는 '공산성의 이야기'를 계속 쓸 예정이다. 그 지리적 결실이 선한 영향력이 되어 세상을 이롭게 할 수 있길 소망한다.

강현순

과연 에세이를 완성할 수 있을까? 글쓰기에 재주가 없던 나는 잠시 망설였지만, 이런 기회가 아니면 언제 내가 책 발간에 이름을 얹어 볼수 있겠나 하는 마음으로 도전했다. 나와 친숙했던 상당산성에 대해 구체적으로 알아가는 재미가 있었고, 산성을 평소와 다른 시각으로 바라보면서 더 깊은 애정이 생겼다. 어설프게 작성한 초안에 교수님의 코멘트와 원우들의 코멘트대로 수정에 수정을 더하다보니 어느새 제법 글 같아 보인다. 문화유산활용론 책 발행에 참여하게 된 것은 운명이었던 듯…. 소중한 기회를 만들어주신 Tom교수님과 원우들께 진심으로 감사드린다.

고신애

언제, 어떻게 인연이 되었는지 정확히 기억나진 않는다. 단지 '정조'를 알게 된 후 창경궁을 찾고 수원을 방문하게 되었고 중용 23장의 한 대목을 외우게 되었다. 교수님이 본인의 추억이 담긴 문화유산, 알리고 싶은 이야기로 주제를 선정하라고 했을 때 그냥 '정조'가 떠올랐다. "함께 하면 글 쓰는 게 어렵지 않다" 하셨는데 막상 해보니 절대 쉽지 않았고 책으로 출판된다니 더욱 부끄러운 일이다. 그러나 이번 기회를 통해 내 마음속에 있는 정조 이야기를 서툴게라도 적어볼 수 있어서 참 감사하다. 단지 많은 부분에 부족함 가득하니 읽는 분들의 너그러운 이해를 바랄 뿐이다.

곽동석

글을 쓰는 것은 쉽지 않은 일이다. 더구나 역사적인 사실에 나의 생각을 담은 글을 매끄럽게 표현한다는 것에 더욱 어려움을 느꼈다. 그렇지만 긍정적인 마인드를 가지고 발전적 고민을 하다 보니 어느새 글이 술술 나와 잘 익은 술을 빚은 듯 보람이 있었다. 새로운 도전 정신이 낳은 이번 기회는 나에게 가장 큰 수확이었다고 생각한다. 이제는 어디를 다녀오면 답사기 쓰기가 일상화되었고 또 다른 변화가 시작되었다.

김진우

나를 주도하는 시간은 언제나 새벽 5시 전후이다. 20여년 전부터 채록, 취재해 온 모든 가문의 내력을 이 시간부터 정리해오고 있다. 이제는 문화유산대학원 수업 시간에 배운 문화재 내용을 기반으로 분야의 선행 연구논문을 검토 분석하는 과정을 거친 문화유산 답사가 시작되었다. 자신이 느낀 문화재에 대한 에세이를 써야 하는 어렵고 낯선 과정도 시작되었다. 여러 번의 수정 보완을 거쳐 지금은 에세이가 만들어 지고 있다. 공주대 문화유산대학원 입학 덕분이기에 2022년은 작심 6개월이 지났으니, 나의 연초의 계획이 처음 성공한 해로 기록될 것이다.

백남우

대전은 철도가 지나며 생성된 근대도시이다. 일제강점기 대전역 근처에는 경관이 뛰어난 소제호가 있었다. 그곳에는 우암 송시열의 별당인 기국정과 연원도 찰방을 지낸 박계립의 별당인 삼매당도 있었다. 그곳에 일본인들은 대전 최초의 근대식 공원과 그들의 신사인 태신궁을 세웠다. 또한 도시의 치수(治水)를 위해 소제호를 메꾸어 전통마을의 경관을 파괴하고 그 위에 철도직원을 위한 관사를 세웠다. 소제동은 전통시대부터 근대와 현대에 이르기까지 변해온 도시의 아픈 역사를 간직하고 있는 상징적 공간으로 남아 있다.

오늘날 소제동은 철도관사를 이용하여 만든 멋진 카페촌으로 탈바꿈되었다. 젊은이들의 핫플레이스로 떠오른 소제동 철도 동관사 카페촌에 소제방죽 도깨비들을 소환시켜 도시의 아픈 역사를 되돌아보고 치유할 수 있는 계기가 되었으면 한다.

박민호

에세이 목차를 처음 발표하는 시간, "독특한 주제이네요. 그 주제로 글을 쓰신다면 아주 좋은 글이 나올 것 같습니다. 필진에 참여하시겠어요?"라는 교수님의 제안에 덜컥 글을 쓰겠노라고 대답했다.

학창시절 쓴 일기 이후 얼마 만에 써 보는 개인적이고 감성적인 글인지, 하고 싶은 말은 많은데 생각은 뒤죽박죽이고 이야기는 머릿속에서 실타래처럼 뒤엉켜버렸다. 몇 번을 포기하려다가도 교수님이 간혹 말씀하시는 "와~ 혹시 글을 평소에 좀 쓰시나요? 놀랐습니다. 정말 대단하십니다." 등등의 진정 어린(?) 격려에 꾸역꾸역 원고를 썼고, 어찌 됐든 마무리는 짓게 되었다. 쓰는 과정은 힘들었고 결과물은 어디에 내놓기 부끄럽기 그지없지만, 남들이 보기엔 사소한 성취일지라도 생애 첫걸음을 뗀 돌잡이처럼 나름 뿌듯한 마음이 들기도 한다.

언제부터인가 마음을 움직이는 대상도, 사건도 점점 사라져가서 건조한 일상이 이어지던 삶에 문화유산을 바라보는 또 다른 관점을 깨닫게 해주신 교수님과 대학원 동기들께 감사드린다.

성은희

정림사지 5층 석탑을 그토록 아름답게 설명해 주시다니, 수업시간에 한 학우님의 이야기 속에 정림사지 5층 석탑을 가보고 싶은 충동에 사로 잡혔다. 서둘러 정림사지를 다녀오곤 거의 다 쓴 에세이를 접고 다시 장소를 바꾸어 에세이를 새로 쓰기 시작했다. 술술 써져 완성하기까지 이틀이 채 걸리지 않았다. 몇 번을 방문하고 자료를 보고 또 보아도 질리지 않고 또 가고 싶은 곳이다. 어떤 장소에 대하여 고민하고 연구할 수 있는 기회를 만들어주신 Tom과 함께 해주신 학우님들, 고맙습니다.

윤석림

결석을 한 번도 안 하는 나에게 교수님은 "청강생이 수업을 이렇게 열심히 들으면 어떡해요?" 하신다. 클릭을 잘못한 줄도 모르고 즐겁게 수업에 참여하고 있었는데, 내 진짜 수업은 수요일 7시(문화유산활용론)가 아닌 목요일 7시(문화유산활용특강) 수업이었다. 행정실을 찾아가 수업 변경을 요청해 보았지만, 기간이 지나서 바꿀 수가 없다고 하였다. 교수님께 말씀을 드렸더니, 웃으시면서 "이런 일도 다 있군요, 어쩔수 없지요." 하시더니 "이분이 오늘 마지막 수업이 될 것 같으니 레포트 써 온 거나 읽어 보게 합시다" 하자 웃음바다가 되었다. 많은 사람들에게 웃음을 줄 수 있다는 것만으로도 다행이다 싶었지만, 수업을 더 이상 들을 수 없다는 서운한 맘으로 밤새 쓴 에세이 초안을 읽기 시작했다. 그 후로 감사하게도 난 결석하지 않는 청강생이 되었고, 지금 이 자리까지 오게 되어 학생으로서 배움의 기쁨을 누릴 수 있었다.

나를 받아준 Tom과 문화유산활용론 원우들에게 고마울 따름이다. 학교 카페에 앉아 따뜻한 아메리카노를 마시며 혼자만의 시간을 즐긴다. 이 좋은 시간을 많은 이와 공유하고 싶다.

윤권영

중학생 시절부터 피리를 시작해서 지금의 직장까지 이어져왔다. 나에게 국악은 그저 우리나라의 전통음악일 뿐이었는데 직장생활을 하면서부터 음악이 아닌 문화유산으로 접하게 되는 일이 많아졌다. 국악에는 음악뿐 아니라 춤, 노래, 악기, 재담, 연희 등 모든 것이 문화유산이었다. 하지만 이런 국악을 문화유산으로 생각하며 공부하는 사람이 아직은 많지 않다. 하지만 세상이 변하면서 이런 부분에 대한 공부도 필요하다는 것을 느껴 지금의 대학원에 들어오게 되었다.

문화유산을 그저 역사로만 보지 않고 그 안에 숨어있는 이야기를 꺼내놓으면 하나의 좋은 콘텐츠가 된다. 이번 에세이를 쓰면서 단순히 대금이라는 악기를 이야기하기보다는 이 안에 숨어있는 과학과 수학의 원리, 우리 조상들의 우수함을 이야기하고 싶었다. 사람들은 그저 단순히 대금이구나 라고 생각할지 모르지만 이 대금이 이런 과정과 원리를 통해 만들어진다는 것을 알게 된다면 더 관심을 가지고 좋아하지 않을까 하는 마음에서 글을 썼다. 이런 좋은 기회를 만들어주신 교수님과 함께하는 동기들에게 고마움을 전하고 싶다.

조은아

만나야 될 사람은 언젠가 꼭 만나게 되는 것과 같이 나와 한복과 문화유산과의 인연이 그러한 듯하다. 한복디자이너인 나는 에세이를 집필하면서 내가 경험하였던 한복과 우리 문화유산과의 콜라보를 주제로 삼으면서 그동안 내가 이렇게 살아왔구나! 하는 자서전적인 역할까지 대신하게 되었다. 에세이에 용기를 내지 못하고 있을 때 함께 할 수 있는 용기를 주신 우리 탐교수님께 진심으로 감사의 말씀을 전하고 싶다. 또한 만나야 될 사람은 꼭 만난다 하였으니 탐 교수님을 비롯 우리 학우님들과의 귀한 인연에 감사 인사를 전한다.

황수영

학기 초 에세이를 쓰고 싶은 사람은 카톡에 남겨 달라는 말에 나는 주저없이 '나도 하겠다'고 답했다. 경찰관 생활 30여 년을 하면서 사건 해결만 해 보았지 에세이에 대해서 전혀 모르는 상황에서 중간에 여러 번 포기하고 싶은 마음이 굴뚝 같았지만 Tom 교수의 응원에 '그래 나도 한번 해 보자'며 자신감을 얻었고 '나를 중심으로' 에세이를 쓰기 시작했다. 한편으로 포기하지 않고 에세이를 완성했다는 자체에 나 스스로 대견함을 느꼈다.

"황수영 대단하네!" 이런 기회를 만들어 준 교수님과 학우님들께 진심으로 감사드리고, 이렇게 어렵게 맺은 인연 오래도록 같이 했으면 좋겠다.

문화유산을 사랑하는 공주대생모임
세계유산 공산성 답사
일시 : 2022년 5월 18일   장소 : 공산성 일대

소소한 일상에서 만나는 우리 역사

지극히 사적인
문화유산 이야기

1판1쇄 인쇄 2023년 2월 15일
1판1쇄 발행 2023년 2월 15일

지은이 박지훈 外 12인
펴낸이 이세정
펴낸곳 쌍달북스
주소 충남 공주시 정안면 쌍달길 253-11
등록 2022년 1월 6일 제 450-2022-000001호
인쇄 및 제본 북스

ISBN 979-11-977739-2-1(03910)

이 책의 판권은 지은이와 쌍달북스에 있습니다. 책 내용의 전부 또는 일부를 재사용하시려면
반드시 양측의 서면 동의를 받아야 합니다.

이 도서의 국립중앙도서관 출판예정도서목록은 서지정보유통지원시스템 홈페이지(https://seoji.nl.go.kr)와
국가자료공동목록시스템(https://www.nl.go.kr/kolisnet)에서 이용하실 수 있습니다.